하나님나라 백성들의 영성 – 사역편

바이블 루트

하나님나라 백성들의 영성 – 사역편

바이블 루트

발   행 | 2018년 12월 10일

발 행 처 | 예수교대한성결교회 총회(도서출판JKSC)

발 행 인 | 윤기순

편 집 인 | 이강춘

편   집 | 예수교대한성결교회 총회 교육국

　　　　　www.sungkyul.org

등   록 | 1974.2.1. No. 300-1974-2

www.sungkyul.org

보 급 처 | 예수교대한성결교회 총회 교육국

　　　　　070-7132-0020-1

제   작 | 도서출판 하늘기획

값 9,000원

하나님나라 **백**성들의 **영성** – 사역편

바이블 루트

도 서 출 판

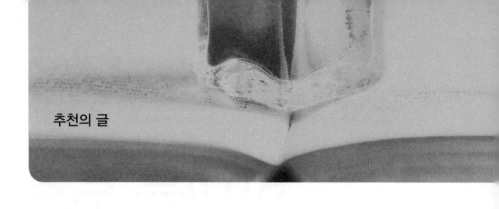

　인생 속에서 예수님을 만난 사건은 전적인 하나님의 은혜이며 축복입니다. 그리고 때를 따라 이른 비와 늦은 비로 내려 주시는 하나님의 은혜 역시 큰 감사의 선물입니다. 그 안에서 우리는 하나님을 더욱 깊이 알게 되고 순종하며 살아가게 됩니다. 또한 구원받은 이들이 하나님을 깊이 알기 위해 말씀을 바르게 배우고 실천하는 삶은 참으로 소중하고 복된 삶입니다.

　성도는 교회 생활을 통해 신앙이 자라나게 되며, 특히 셀 조직과도 같은 교회의 구역 모임은 교회 부흥에도 매우 중요한 역할을 감당하고 있습니다. 그것은 각 구역이 상호 연결되어 하나님이 보시기에 건강하고 아름다운 교회로 성장하기 때문입니다. 그리고 교회에 속한 지체들은 말씀 위에 믿음의 집을 세워야 고난과 시련의 파도 속에서도 결코 흔들리지 않는 승리의 삶을 살아갈 수 있습니다.

　따라서 성도들은 상호 교제와 더불어 말씀을 더 깊이 있게 연구하며 공부하는 시간이 필요합니다. 특히 구역공과를 통한 체계적인 말씀 공부는 성도들의 영적인 성장을 효율적으로 도우며 바른 신앙의 방향

을 제시합니다. 이에 우리 교단에서 발간하는 2019년도 구역공과인 바이블 루트 사역편은 평신도 지도자들의 모범된 신앙과 삶을 조명했으며, 평범한 사람들이 믿음을 지키는 가운데 사역을 성실히 감당해 나가는 삶에 역점을 두고 집필하였습니다.

여러분들은 본 교재에서 제시하고 있는 평신도 지도자들의 믿음과 영성과 그리고 경건 생활을 통해 하나님께서 원하시는 헌신과 사역에 관한 방법과 방향을 찾게 될 것입니다. 그리고 그것은 각자에게 주어진 사명과 삶 속에서도 효과적으로 적용될 것입니다. 아무쪼록 이번 2019년도 공과에서 제시하는 내용을 공부하시는 교단 산하 전국교회의 구역과 개인마다 하나님의 은혜가 예전보다 더 깊고 충만하게 임하시길 기원하며 본 공과를 여러분들에게 추천합니다.

윤기순 목사

예수교대한성결교회 총회장

이렇게 사용하세요

1. 본 교재의 특징

(1) 회원용과 인도자용 구별하지 않았습니다.

(2) 개인적으로 읽거나 소그룹 별로 함께 나눌 수 있도록 구성했으며 구역이나 속회, 셀 모임에서 사용할 수 있도록 예배 형태로 구성했습니다.

(3) **쉬운 책입니다.**
전체 교재의 흐름이 '하나님 나라 백성들의 영성'에 대한 메시지로 진행되며 성경을 중심으로 한 쉬운 본문 해설로 이루어져 있습니다. 누구나 쉽게 바른 신앙과 하나님께서 맡겨준 사역의 표준을 이해하고 실천할 수 있도록 이끌어 줄 것입니다.

(4) **단순한 책입니다.**
성경의 인물들로 구성하되 평범한 사람들의 신앙과 하나님께서 맡겨주신 사역을 중심으로 기술되어 있습니다. 주어진 환경과 조건 속에서 하나님 나라 형성을 위해 성실히 감당해 나가는 모범적 사역의 기준을 제시하며, 그들의 헌신된 신앙과 삶을 바라보고 느낄 수 있도록 도와줄 것입니다.

(5) **부담 없는 책입니다.**
모임에 참여하는 성도들이 편하고 재미있게 접근할 수 있도록 알차게 구성했습니다. 또한 성경을 공부하는 것에서 끝나지 않고 실제적으로 적용할 수 있는 말씀 실천하기와 합심 기도를 서로 나눌 수 있도록 했습니다.
이를 통해 주님의 명령을 혼자만이 아닌 공동체 전체가 말씀 앞에 순종하고 결단의 기도까지 할 수 있도록 이끌어 줍니다.

(6) 교회력에 따라 절기(부활, 맥추, 추수, 성탄)는 부록으로 편집하여 활용도를 높였습니다.

＊성경은 개역개정 4판을, 찬송은 새찬송가를 기준으로 했습니다.

2. 예배형태로 진행시 사용방법

문안 ▶ 신앙고백 ▶ 찬송 ▶ 기도 ▶ 말씀(살피기, 나누기, 실천하기) ▶ 합심 기도하기
▶ 찬송(헌금) ▶ 헌금기도 ▶ 주기도문 ▶ 광고(다음 모임) ▶ 교제와 친교

(1) 진행방법
① 회원들이 모이면 서로 문안하고 받을 은혜를 위해 각자 기도합니다.
② 사도신경으로 신앙을 고백하고 찬송을 부른 후 대표기도(회원 가운데)를 합니다.
③ 이룰 목표를 다 같이 읽습니다.
④ 교재의 성경말씀을 한 절씩 돌아가며 읽습니다.
⑤ 새길 말씀은 본문의 핵심구절이기에 암송하면 유익합니다.
⑥ 본문 살피기의 질문을 회원들과 함께 나눕니다.
⑦ 말씀 나누기를 인도자가 선포합니다.
⑧ 말씀 실천하기를 함께 나눕니다. 금주의 실천사항을 한 가지 적습니다.
⑨ 합심 기도하기 제목과 긴급한 기도를 놓고 합심으로 기도합니다(회원 가운데
　성령의 인도하심을 따라 마침기도를 하는 것도 유익합니다).
⑩ 예배 형태로 진행시 헌금찬송과 함께 헌금을 드립니다(미리 헌금봉투에 담아
　준비합니다).
⑪ 광고시간에 다음 모임의 장소와 시간을 정하고 모임과 행사 등을 광고합니다.
⑫ 예배 형태로 진행시 주기도문으로 예배를 마칩니다.

(2) 사용방법
① **이룰 목표**　　해당 모임 시간에 이룰 목표의 큰 그림을 설명해 놓았습니다.
② **본문 살피기**　본문에 기록된 간단한 질문과 답을 통해 본문 내용의 이해를
　　　　　　　　　돕습니다.
③ **말씀 나누기**　본문 말씀과 주제를 중심으로 쉬운 본문 해설을 제공합니다.
④ **말씀 실천하기** 전체 교육 내용을 정리해서 다시 한 번 핵심을 강조합니다.
　　　　　　　　　삶에 적용할 수 있는 탁월하고 예리한 질문들을 통해 삶으로
　　　　　　　　　말씀을 실천할 수 있는 유익을 줍니다.
⑤ **합심 기도하기** 본문을 통한 구체적인 기도의 방향과 제목을 제공합니다.

＊ 첫 모임 시간에 회원 간의 기도제목을 나누고 함께 기도합니다.

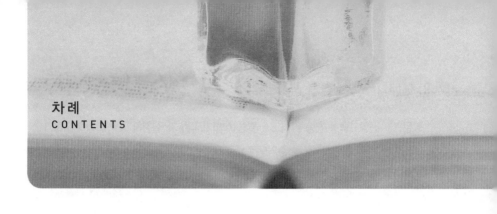

차 례
CONTENTS

믿음이 없이는 하나님을 기쁘시게 못하나니
하나님께 나아가는 자는 반드시 그가 계신 것과
또한 그기 지기를 찾는 자들에게 상 주시는이심을
믿어야 할지니라

– 히 11:6

하나님나라 백성들의 영성 – 사역편

바이블 루트

1

01 하나님께 웃음을 선물 받은 **사라**

◆ 이룰 목표

- 잃어버린 웃음을 회복하는 방법을 안다.
- 응답의 비결이 무엇인지 배운다.

◆ 본문 살피기

- 사라가 아들을 낳은 시기는 언제였습니까?(2절)
- 사라는 자신에게서 태어난 아들 이름을 무엇이라고 지었습니까?(3절)
- 사라를 웃게 하신 분은 누구십니까?(6절)

소그룹예배 인도 순서

사도신경	다 같이
찬 송	95장(통 82)
기 도	회원 중
본문 말씀	창 21:1-7
새길 말씀	창 21:6
헌금 찬송	191장(통 427)
헌금 기도	회원 중
주기도문	다 같이

말씀 나누기

사라의 본래 이름은 사래입니다(창 12:5). 하나님께서 99세의 아브람에게 '여러 민족의 아버지가 되도록 하겠다'는 언약과 함께 그의 이름을 아브라함으로 바꾸시면서(창 17:1-5), 사래의 이름도 사라로 바꾸도록 하셨습니다(창 17:15). 그리고 사라에 대해 "내가 그에게 복을 주어 그가 네게 아들을 낳아 주게 하며 내가 그에게 복을 주어 그를 여러 민족의 어머니가 되게 하리니 민족의 여러 왕이 그에게서 나리라"(창 17:16)고 언약하셨습니다.

이때 사라의 나이 90세였습니다. 자식은 복의 상징이고 무자식은 저주의 상징이었던 시대에 90세가 되도록 아이를 얻지 못하고 더욱이 임신한 여종에게도 멸시를 받는 등 삶의 여러 굴곡으로 웃음을 잃어버렸던 사라가 어떻게 웃음을 선물로 받게 되었는지 살펴보겠습니다.

1. 언약을 지키시는 하나님을 만남으로 웃음을 되찾았습니다

웃음은 하나님께서 인간에게 주신 최고의 선물입니다. 사람은 기쁘고 즐거운 일이 있을 때 마음 깊이 진솔한 웃음을 짓게 됩니다. 이때 나타나는 웃음이 가장 아름답기 때문입니다. 그러므로 사라의 웃음은 기쁨의 표현이자 하나님을 향한 감사의 표출입니다. 하나님께서는 복잡한 삶의 여정에서 웃음을 잃어버렸던 아브라함의 아내 '사라'를 웃게 하셨습니다(6절). 사라의 어떤 행동 때문에 하나님께서 사라의 웃음을 되찾게 하셨을까요?

성경에는 사라가 자식을 얻기 위해 '하나님께 간구했다'라는 내용은 찾아볼 수 없습니다. 그러나 자신과 남편의 몸을 통해 아들을 낳도록 하시겠다는 하나님의 언약을 직간접적으로 알고 있었던(창 17:16, 18:12) 사라가 하나님 언약의 성취를 간절히 소망하고 있었음은 분명합니다. 히브리서 저자는 '사라가 자신과 언약을 맺으신 하나님을 신실하신 분으로 믿었다'(히 11:11)라고 기록한 것을 통해 사라는 단지 신실하신 하나님을 믿고 기다렸음을 알 수 있습니다.

그러므로 하나님의 일하심 가운데 사라가 웃음을 되찾았음을 알 수 있습니다. 즉, 하나님께서는 약속하셨던 일을 이행하셨고 그 결과로 사래가 웃음을 되찾았다는 것입니다. "여호와께서 말씀하신대로 사라를 돌보셨고, 여호와께서 말씀하신대로 사라에게 행하셨으므로"(1절)라는 말씀은 이를 잘 보여줍니다.

오늘날도 많은 사람이 삶의 방향과 가치관의 혼돈 속에 웃음을 잃어버리고 사는 것 같습니다. 진정한 웃음을 잃은 시대에 어떻게 웃음을 찾을 수 있을까요? 그것은 신실하신 하나님을 만날 때입니다. 신실하신 하나님의 약속을 믿을 때입니다.

"너희를 부르시는 이는 미쁘시니 그가 또한 이루시리라"(살전 5:24)

2. 신실하신 하나님의 언약 성취를 체험했습니다

하나님께서는 75세인 아브라함을 찾아오셔서 고향을 떠나라고 하신 후 "내가 너로 큰 민족을 이루고 네게 복을 주어 네 이름을 창대케 하리라"고 약속하셨습니다(창 12:1-4). 오랫동안 자식이 생기지 않자 아브람은 다메섹 사람 엘리에셀을 상속자로 삼기로 작정했는데 그때 하나님께서 다시 나타나셔서 '네 몸에서 날 사가 네 상속자가 되고 하늘의 뭇별처럼 셀 수 없을 만큼의 자손을 주겠다'(창 15:4-5)라고 약속하셨습니다. 그러나 여전히 하나님의 언약은 지켜지지 않는 것 같았습니다. 그래서 사래는 아브람에게 자신의 여종 하갈을 첩으로 주어 86세 때 이스마엘을 얻도록 하기도 했습니다.

그런데 신실하신 하나님께서는 아브람이 99세 되던 해에 다시 나타나셔서 "보라 내 언약이 너와 함께 있으니 여러 민족의 아버지가 될지라"(창 17:4)고 다시 언약을 말씀하셨습니다. 이때 하나님께서는 아브라함뿐만 아니라 사라에게도 '여러 민족의 어머니가 되게 하겠다'라고 말씀하시고(창 17:16) '내년 이맘때'라는 언약 성취의 시간도 알려주셨습니다(창 18:9-11). 결국 아브라함이 100세 때 하나님의 언약은 약속대로 성취되었습니다.

이러한 하나님의 언약 성취는 75세의 아브람과 가족을 부르실 때로부터 무려 25여 년이 걸렸지만 결국, 아브라함과 사라는 언약을 이루시는 하나님을 체험하게 됩니다. 이처럼, 하나님의 언약은 우리가 원하는 시간이 아니라 하나님의 시간에 성취됩니다. 하나님께서는 언약이행을 사랑하는 자녀에게 가장 좋은 시간에 이루어 주십니다. 우리도 성도로 부르심을 받을 때로부터 하나님께 언약을 받은 자입니다. 하나님의 시간을 끝까지 기다림으로 "하나님께서 나를 웃게 하시니 듣는 자가 다 나와 함께 웃으리로다"(6절)는 사라의 체험에 참여하는 성도가 되어야 합니다.

"아브라함이 바랄 수 없는 중에 바라고 믿었으니 이는 네 후손이 이같으리라 하신 말씀대로 많은 민족의 조상이 되게 하려 하심이라"(롬 4:18)

3. 하나님의 신실하심을 믿음으로 이스라엘의 어머니가 되었습니다

히브리서 저자는 사라에 대하여 "이러므로 죽은 자와 같은 한 사람으로 말미암아 하늘의 별과 또 해변의 무수한 모래와 같이 많은 후손이 생육하였느니라"(히 11:12)고 평가합니다. 여기서 '죽은 자와 같은 한 사람'은 임신이나 출산을 할 수 없는 몸과 형편에 놓였던 사라를 가리키며, 하나님께서는 불가능할 것만 같았던 사라의 몸을 통하여 당신의 언약대로 하늘의 별과 해변의 무수한 모래같이 후손을 주셨다고 후대가 평가한 것입니다. 실제로 사라는 에서와 야곱의 아버지인 이삭을 낳음으로서 이스라엘과 열국의 어머니가 되었습니다.

사라가 열국의 어머니로 복을 받은 이유에 대하여 히브리 기자는 "믿음으로 사라 자신도 나이가 많아 단산하였으나 잉태할 수 있는 힘을 얻었으니 이는 약속하신 이를 미쁘신 줄 알았음이라"(히 11:11)고 기록합니다. 잉태할 수 없는 몸을 가졌음에도 불구하고 언약을 세우신 하나님께서 신실하심을 믿었기 때문에 이러한 복을 누렸다는 것입니다.

사라의 믿음이 완벽했기에 후대가 그녀의 믿음을 이처럼 평가했다고 말할 수는 없습니다. 왜냐하면 사라도 하나님의 언약이 실현되지 않자 자신의 여종 하갈을 통해 자식을 얻으려는 행동을 했고 90세라는 늙은 몸을 가졌기에 아들을 낳을 것이라는 하나님의 말씀을 듣고도 미심쩍은 웃음을 지었기 때문입니다.

성경은 행위가 완벽할 때가 아니라 하나님의 신실하심을 믿고 끝까지 기다리는 것을 위대한 믿음으로 평가합니다. 인간의 눈에 불가능할 것처럼 보이지만 가능하게 하실 신실하신 하나님을 바라보고 순종할 때, 하나님이 주시는 복을 누리게 됩니다.

"믿음으로 사라 자신도 나이가 많아 단산하였으나 잉태할 수 있는 힘을 얻었으니 이는 약속하신 이를 미쁘신 줄 알았음이라 (히 11:11)

말씀 실천하기
• 잃어버린 웃음을 회복하기 위해 하나님을 신뢰하고 있습니까?
• 한계 상황에 처한 문제가 믿음 안에서 해결된 경험이 있습니까?

합심 기도하기
• 잃어버린 웃음을 찾게 하옵소서.
• 말씀을 붙잡을만한 믿음을 주옵소서.

02 참된 신앙의 충고자 **엘리후**

본문 말씀
욥 32:1-22

◆ 이룰 목표

- 사람을 충고해야 할 때는 바른 태도로 한다.
- 시련은 모두가 죄의 결과가 아님을 깨닫는다.

◆ 본문 살피기

- 엘리후가 욥에게 화를 낸 이유가 무엇입니까?(2절)
- 엘리후가 욥의 세 친구에게 화를 낸 이유는 무엇입니까?(3절)
- 엘리후가 자신의 진실함을 알리기 위해 욥에게 한 말이
  무엇입니까?(22절)

소그룹예배 인도 순서	
사도신경	다 같이
찬　　송	305장(통 405)
기　　도	회원 중
본문 말씀	욥 32:1-22
새길 말씀	욥 32:8
헌금 찬송	337장(통 363)
헌금 기도	회원 중
주기도문	다 같이

말씀 나누기

욥은 "온전하고 정직하여 하나님을 경외하며 악에서 떠난 자더라"(욥 1:1)라고 말하고 있습니다. 이처럼 욥은 성품이나 신앙이나 가정적으로 모든 면에서 부족함이 없는 사람이었습니다. 그런 욥에게 어느 날 엄청난 시련이 찾아옵니다. 하루아침에 경제가 파탄되고, 한 순간에 열 명의 자녀를 잃고, 온몸이 만신창이가 됩니다.

욥을 위로하기 위해 찾아온 친구들이 내린 결론은 욥이 죄를 지었기 때문이라고 단정하

고 욥에게 반복해서 회개하라고 말을 하지만 욥은 끝까지 자신의 의로움을 주장했습니다. 욥의 친구들은 욥을 설득시키지 못한 채 어쩔 줄 몰라 침묵합니다. 그 광경을 오랫동안 지켜보며 침묵을 지켰던 엘리후가 답답한 마음으로 욥 앞에 나섭니다.

엘리후가 참다가 욥 앞에 나서게 된 두 가지 동기는 본문 2-3절에 기록되어 있습니다. 첫째는 세 친구와 공박하면서 자신이 하나님보다 의롭다고 주장하는 욥을 보고 화가 났고, 둘째는 무조건 욥을 정죄한 세 친구의 태도 때문입니다. 엘리후는 앞에서 등장했던 욥의 세 친구와 다른 방법으로 욥의 신앙에 대해 충고했습니다. 엘리후의 충고는 욥기 32장부터 이어지므로 본문 말씀만으로는 욥에 대한 엘리후의 충고를 자세히 다룰 수 없기에 37장까지 범위를 정하고, 엘리후가 어떻게 충고를 했기에 욥이 신앙적으로 깨닫게 되었는지 살펴보도록 하겠습니다.

1. 성령을 의지하여 충고했습니다

엘리후는 욥의 고난에 대해 깊이 동정했습니다. 그리고 내 말을 들으며 내 모든 말에 귀를 기울여 달라고 부탁합니다(욥 33:1). 그리고 성령을 의지하여 말할 것이니 진실 된 내 말을 들어달라고 간곡하게 부탁합니다. 욥기 32장 6-10절 말씀을 요약하면 이렇습니다. 당신들은 나보다 인생의 경험이 많기에 나는 당신들이 진리를 말할 것이라고 기대했습니다. 나는 당신들보다 연소하므로 경험도 부족하고 미숙하고 부족합니다. 그러나 나도 할 말이 있는데 내가 이렇게 말하는 것은 내 안에 계신 성령께서 지혜와 총명을 주셨기 때문입니다. 그러면서 엘리후는 강하고 진실 된 어투로 욥의 세 친구를 뒤로 물러서게 하고 성령을 의지하여 욥에게 신앙적 충고를 합니다(욥 32:8, 33:4). 누군가에게 신앙적인 충고를 할 때는 먼저 그를 위해 기도하며 성령께서 주시는 마음으로 충고를 해야 합니다.

"지혜 있는 자는 궁창의 빛과 같이 빛날 것이요 많은 사람을 옳은 데로 돌아오게 한 자는 별과 같이 영원토록 빛나리라"(단 12:3)

2. 신앙의 무지함을 깨닫게 하는 충고였습니다

엘리후는 욥을 설득하기 위해 접근하는 방법이 세 친구와 전혀 다릅니다. 먼저 그는 욥을 설득시키면서 "나와 그대가 하나님 앞에 동일하니 나도 흙으로 지으심을 입었은즉 내 위엄으로는 그대를 두렵게 하지 못하고 내 손으로 그대를 누르지 못하느니라"(욥 33:6-7)며 자신도 욥과 다를 바 없는 피조물임을 강조합니다. 그리고 엘리후는 "그가 사람의 귀를 여시고 경고로서 두렵게 하시니 이는 사람에게 그의 행실을 버리게 하려하심이며 사람의 교만을 막으려 하심이라"(욥 33:16-17)며 하나님께서 욥에게 고통을 주신 이유가 무엇인지 깨닫도록 합니다.

사람은 일이 잘 풀리고, 성공할 때 교만하기 쉽습니다. 그래서 하나님께서 고난을 통해 자신을 돌아보게 하시는 경우가 있습니다. 엘리후는 욥에게 '당신의 말대로 당신이 하나님 앞에서 의롭고 진실하다고 할지라도 교만할까 염려하셔서 교만을 막으려고 이와 같은 고통을 주셨다는 것을 알아야 한다' 라고 충고했습니다. 엘리후의 충고가 얼마나 설득력이 있었는지 욥은 그 말을 듣고 깨닫게 됩니다(욥 42:1-5).

"삼가 말씀에 주의하는 자는 좋은 것을 얻나니 여호와를 의지하는 자는 복이 있느니라"(잠 16:20)

3. 하나님을 바르게 인식하도록 하는 충고였습니다

욥은 하나님께서 왜 고통을 더하게 하시는지 원인을 알 수 없었기에 더 고통스러웠습니다. 그런데 엘리후의 충고를 듣고 보니 아! 그거였구나! 깨닫게 되었습니다. 즉, 하나님은 내가 고통당할 때 침묵하거나 외면하는 분이 아니고 꿈이나 이상 등 다양한 방법으로 계속 말씀하셨는데, 귀를 기울이지 않고 무지해서 깨닫지 못했던 것임을 알았습니다. 욥기 33장 13-16절 말씀은 "하나님께서 사람의 말에 대답지 않으신다 하여 어찌 하나님과 논쟁하겠느냐 하나님은 한번 말씀하시고 다시 말씀하시되 사람은 관심이 없도다. 사람이 침상에서 졸 때 깊이 잠들 때에나 꿈에나 밤에 환상을 볼 때에 그가 사람의 귀를 여시고 경고로서 두렵게 하시니"라고 합니다.

이렇게 엘리후는 욥이 하나님에 대한 바른 인식을 할 수 있도록 충고한 사람입니다. 뿐만 아니라 하나님께 기도를 드리면 하나님은 응답해 주시고 회복시켜주신다는 권면을 하고 있습니다(욥 33:26). 충고는 상대방을 비난하기 위한 것이 아닌, 하나님을 바르게 인식하도록 돕는 것입니다.

"주께서 너희를 우리 주 예수 그리스도의 날에 책망할 것이 없는 자로 끝까지 경고하게 하시리라"(고전 1:8)

말씀 실천하기
- 고통과 어려움을 당할 때도 하나님을 신뢰하겠습니까?
- 신앙적으로 충고를 받아야 한다면 겸손히 받겠습니까?

합심 기도하기
- 부족함을 깨달을 수 있도록 지혜를 주옵소서.
- 본이 되는 삶을 살 수 있는 믿음을 주옵소서.

03 신앙 안에서 자유를 누린 **요셉**

본문 말씀
창 39:1-23

◆ 이룰 목표

- 시험을 극복하는 방법이 무엇인지 안다.
- 시험을 통해 성숙해지는 성도가 된다.

◆ 본문 살피기

- 요셉이 누구의 집에 팔려갔습니까?(1절)
- 보디발은 요셉을 가정 총무로 삼고 어떤 권한을 부여했습니까?(6절)
- 요셉이 수감된 곳은 어디입니까?(20절)

소그룹예배 인도 순서

사도신경 다 같이
찬   송 384장(통 434)
기   도 회원 중
본문 말씀 창 39:1-23
새길 말씀 창 39:3
헌금 찬송 431장
헌금 기도 회원 중
주기도문 다 같이

말씀 나누기

일반적으로 성경에서 가장 큰 복을 받은 사람은 믿음의 조상 아브라함이라고 생각하지만, 야곱이 아브라함보다 더 복을 받았고, 야곱보다 더 많은 복을 받은 사람은 요셉이라 말할 수 있습니다. 이것은 "네 아버지의 축복이 네 선조의 축복보다 나아서 영원한 산이 한없음같이 이 축복이 요셉의 머리로 돌아오며 그 형제 중 뛰어난 자의 정수리로 돌아오리로다"(창 49:26)라는 말씀이 그 사실을 증명합니다.

이처럼 요셉이 하나님께 가장 큰 복을 받게 된 것은 우연한 일이 아닙니다. 여러 가지 시험에서 하나님을 향한 신앙으로 승리했기 때문입니다. 요셉이 당한 세 가지 시험은 결코 감당하기 쉬운 시험이 아닙니다. 시험 앞에서 의연하게 대처하는 요셉의 신앙적 태도가 어떠했는지 살펴보도록 하겠습니다.

1. 요셉은 신분 추락의 시험에서도 자유를 누렸습니다

요셉은 야곱의 열한 번째 아들로 태어나 아버지로부터 특별한 사랑을 받으며 살았습니다. 그런데 요셉은 곡식단 꿈 이야기로 인해 형들의 미움을 받게 되었고(창 37:7), 형들은 요셉을 이스마엘의 상인들에게 은 20에 팔아 버립니다(창 37:28). 그리고 이스마엘의 상인들이 바로 왕의 경호대장 보디발의 집에 팔아넘겼으므로 요셉은 노예로 전락하는 시험을 당하게 됩니다(창 39:1-2). 한순간에 아들의 신분에서 이방 나라의 노예 신분으로 추락되고 말았습니다. 형들에 의해 언어와 문화 등 전혀 아는바 없는 낯선 이방 땅에 노예로 팔려 왔으니 얼마나 참담했겠습니까? 최악의 상황으로 추락한 요셉의 인생은 한밤중처럼 캄캄한 상황입니다.

그럼에도 불구하고 성경에는 요셉이 자기 연민에 빠져 고민하고 하나님을 원망했다거나 자신을 노예로 팔아넘긴 형제들을 원망하며 분노했다는 기록이 없습니다. 오로지, 노예가 된 이후 요셉에 관하여 "여호와께서 요셉과 함께 하시므로"라는 말씀을 반복적으로 기록하고 있습니다. 이러한 기록을 통해 참담한 상황도 하나님의 사람 요셉을 좌절시키지 못했음을 발견할 수 있습니다.

만약 요셉이 하나님께 대한 믿음을 버리고 자포자기 삶을 살았다면, 결코 하나님께서 요셉과 함께 하실 수 없기 때문입니다. 여기서 '신앙인에게는 시험이 문제가 아니라 믿음이 문제라는 것'을 배울 수 있습니다. 요셉은 시험을 당하였음에도 불구하고 믿음으로 자유를 누렸습니다.

"사람의 모양으로 나타나사 자기를 낮추시고 죽기까지 복종하셨으니 곧 십자가에 죽으심이라"(빌 2:8)

2. 요셉은 유혹에서도 자유를 누렸습니다

요셉이 상인들에 의해 팔려갈 때의 나이는 17세였습니다(창 37:2). 그가 보디발의 집 가정 총무로 일할 때 여주인으로부터 성적인 유혹을 받게 되는데 그때는 가장 혈기 왕성한 20대였을 것으로 생각됩니다. 그런 나이에 웬만한 신앙으로는 이겨내기 힘든 시험입니다. 더욱이 권력자의 아내였기에 거절했다가는 큰일을 당할 수도 있는 반면, 허락하면 출세할 수 있는 절호의 기회가 될 수도 있기에 물리치기 힘든 유혹이었을 것입니다. 그러나 요셉은 "내가 어찌 이 큰 악을 행하여 하나님께 죄를 지으리이까"(9절)라는 말씀처럼 이러한 유혹과 시험에 대해 단호했습니다. 주인의 아내를 범하는 일은 주인에게 죄를 범하는 일도 되지만 무엇보다 하나님께 죄를 짓는 것이라는 신앙을 가졌기에 단호히 거절할 수 있었습니다.

그런데 시험은 한 번으로 끝나지 않았습니다. "여인이 날마다 요셉에게 청하였으나 요셉이 듣지 아니하여 동침하지 아니할 뿐더러 함께 있지도 아니하니라"는 10절 말씀은 보디발의 아내가 지속적으로 집요하게 요셉을 유혹하였음을 보여줍니다. 지속적인 유혹에도 불구하고 요셉은 끝까지 시험에서 승리합니다. 그가 지속적이고 집요한 유혹에서 자유로울 수 있던 것은 자신의 욕심보다 하나님을 우선했기 때문입니다.

왜 요셉에게 이런 시험이 왔을까요? 아마도 요셉의 빼어난 용모로 인한 것 같습니다(6절). 마귀는 참으로 기막힌 존재입니다. 사람의 약점을 이용하기도 하지만, 장점을 이용하여 시험에 빠뜨리기도 합니다. 그러므로 성도는 약점을 보강하는 한편, 장점으로 교만에 빠지지 않도록 주의해야 합니다.

"오직 각 사람이 시험을 받는 것은 자기 욕심에 끌려 미혹됨이니"(약 1:14)

3. 요셉은 억울한 투옥의 시험에서도 자유를 누렸습니다

요셉이 계속 동침을 거부하자 여주인은 묘안을 짜냈습니다. 집안의 모든 사람이 집 밖으로 나간 사이 요셉의 옷을 잡고 매달렸습니다. 그러자 요셉은 옷을 버리고 도망쳤습니다. 앙심을 품은 여주인은 남편 보디발에게 요셉의 옷을 증거삼아 '요셉이 겁탈하려다 도망쳤다' 라고 거짓되게 얘기했고, 그 일로 요셉은 보디발이 관리하는 정치범 수용소에 갇히게 되었습니다(20절). 신앙을 지키고 정직과 의리를 선택한 결과가 감옥이었습니다.

예상했던 시험을 당하거나 자신의 허물로 시험을 당하면 견디기 쉽습니다. 그런데 자신을 신뢰하던 주인조차 한마디 정황을 묻지도 않고, 더욱이 누명을 쓰고 당하는 시험이니 요셉은 얼마나 좌절했을까요? 그런데 성경은 이런 억울함과 시험을 당한 요셉에 대하여 "여호와께서 요셉과 함께 하시고 그에게 인자를 베푸사 간수장에게 은혜를 받게 하시매"(21절) 라고 기록합니다. 이것은 억울함 속에서도 요셉이 하나님께 대한 믿음으로 시험을 뛰어넘어 자유를 누렸음을 보여줍니다. 요셉은 믿음으로 시험을 이겼고 하나님께서는 시험을 이길만한 믿음을 가진 요셉과 함께 하셨습니다.

믿는 사람들에게는 시험이 없고 좋은 일만 생길 것으로 여기는 신자들이 시험을 받아 하나님을 떠나는 경우가 종종 있습니다. 그러나 하나님께서는 사랑하는 자녀에게 채찍도 주시고, 시험을 통해 성장시키십니다. 그러므로 요셉이 시험을 당할 때, 상황이나 사람을 원망하기보다 하나님을 바라보고 믿음을 방패 삼아 성숙해진 것처럼, 시험을 이기고 신앙 성숙의 기회로 삼아야 합니다.

"그렇게 하지 아니하실지라도 왕이여 우리가 왕의 신들을 섬기지도 아니하고 왕이 세우신 금 신상에게 절하지도 아니할 줄을 아옵소서"(단 3:18)

말씀 실천하기
• 시험이 올 때 믿음으로 물리칠 준비가 되어 있습니까?
• 시험당하여 넘어질지라도 다시 헌신할 준비가 되어 있습니까?

합심 기도하기
• 시험에 굴복하지 않도록 믿음을 주옵소서.
• 영분별의 능력을 주옵소서.

04 하나님의 뜻에 순종한 히브리 산파들(십브라, 부아)

본문 말씀
출 1:15-22

◆ 이룰 목표
- 하나님의 특별한 은혜가 있음을 안다.
- 신앙의 사람은 권력 앞에서도 담대해야 한다.

◆ 본문 살피기
- 히브리 산파들이 남자 아기들을 살린 이유가 무엇입니까?(17절)
- 산파들은 바로의 질문에 어떻게 대답하여 위기를 극복했습니까?(19절)
- 바로가 히브리 사람들에게 내린 최후 명령은 무엇입니까?(22절)

소그룹예배 인도 순서

사도신경 다 같이
찬　　송 449장(통 377)
기　　도 회원 중
본문 말씀 출 1:15-22
새길 말씀 출 1:17
헌금 찬송 549장(통 431)
헌금 기도 회원 중
주기도문 다 같이

말씀 나누기

하나님께서 아브라함에게 그의 후손이 하늘의 별처럼 번성하겠다고 약속하신 그 약속의 성취로 애굽에 히브리 민족이 번성해가자 위협을 느낀 애굽 왕 바로는 힘든 노동을 통해 인구 억제정책을 폈으나 실패하고 말았습니다. 실패한 원인은 하나님께서 히브리 사람들과 함께 하셨으므로 그들이 학대를 받으면 받을수록 더욱 번성했기 때문입니다(12절).

가혹한 노동정책을 통한 일차 산아제한 정

책이 실패하자 이번에는 히브리 산파 '십브라'와 '부아'를 불러 히브리인들이 남자아기를 낳게 되면 그 자리에서 죽이라고 했습니다. 그러나 산파들은 하나님을 두려워하는 사람들이었기에 왕의 명령을 따를 수가 없었습니다(17절). 왕의 명령에도 불구하고 산파들은 지혜롭게 이 상황을 헤쳐 나갑니다. 하나님을 두려워하는 신앙으로 왕의 명령까지 거역하며 남자아이들을 살린 산파들은 어떤 신앙의 사람이었는지 살펴보고자 합니다.

1. 세상 법보다 하나님의 법을 따르는 믿음을 가졌습니다

애굽 왕의 명령은 하나님의 사람인 두 산파에게도 큰 고민거리였습니다. 명령을 어기는 것은 곧 죽음이기 때문입니다. 그렇다고 아기들을 죽이면 생명의 주인 되시는 하나님의 뜻을 거역하는 것입니다. 그러나 산파들은 하나님을 두려워하여 애굽 왕의 명령을 어기고 남자 아기들을 살렸습니다(17절). 선택의 기로에선 산파들은 결국 자신들이 죽더라도 아기들을 살리는 길, 즉 자신들의 생명을 내놓는 결단을 했습니다.

어떤 상황에 직면하더라도 하나님의 말씀, 하나님의 법을 따르는 것은 하나님을 경외하는 믿음이 없으면 할 수 없습니다. 예수님도 신앙의 사람이 선택의 길에 서게 될 때 "몸은 죽여도 영혼은 능히 죽이지 못하는 자들을 두려워하지 말고 오직 몸과 영혼을 능히 지옥에 멸하실 수 있는 이를 두려워하라"(마 10:28)고 말씀하셨습니다.

사람들은 영혼보다 육신을 더 귀하게 여기고 육신의 일에 관심이 집중되어 있습니다. 그러나 믿음의 사람은 육신보다 영혼이 귀하다는 것을 알기에 영혼의 주인 되시는 하나님을 따라야 합니다. 히브리 산파인 십브라와 부아는 이름값을 한 신앙인입니다. 그들은 육신을 죽이는 애굽 왕을 두려워하지 않고 생명의 주인 되시는 하나님을 두려워하여 자신들의 생명을 내놓고 히브리 남자 아기들을 살리는 데 최선을 다했습니다. 하나님의 말씀을 머리로 이해만 해서는 안 됩니다. 가슴으로 결단력을 가지고 실천하는 것이 참된 믿음입니다.

"우리가 다 그의 충만한 데서 받으니 은혜 위에 은혜러라"(요 1:16)

2. 산파들은 신앙적 지혜가 있는 자들입니다

남자아이들을 죽이라는 애굽 왕의 명령에도 히브리 남자 아기들의 수가 증가하자 애굽 왕은 산파들을 불러 추궁했습니다. 본문 10절에 보면 "산파가 바로에게 대답하되 히브리 여인은 애굽 여인과 같지 아니하고 건장하여 산파가 그들에게 이르기 전에 해산하더이다"라는 말로 위기를 지혜롭게 넘겼습니다. 하나님께서 은혜를 베푸셨기에 애굽 왕이 히브리 산파들의 말을 의심하지 않았습니다.

예수님도 마가복음 13장 11절에 "사람들이 너희를 끌어다가 넘겨줄 때에 무슨 말을 할까 미리 염려하지 말고 무엇이든지 그 때에 너희에게 주시는 그 말을 하라 말하는 이는 너희가 아니요 성령이시니라"라고 말씀하시며 말세를 살아가는 성도들에게 어떠한 핍박이 올지라도 두려워하지 말고 또 어떤 말로 대처해야 할 것인지 염려하지 말라고 하셨습니다.

성령님은 하나님의 사람이 위기를 당할 때 대변인이 되어 주시는 분이십니다. 화가 나서 두 눈을 부릅뜬 채 서슬이 퍼런 애굽 왕 앞에서 차분하게 말하기가 쉬운 일은 아닙니다. 하나님께서 은혜를 베푸셨기에 가능했던 일입니다. 하나님께서 두 산파에게 신앙적 지혜를 주셨던 것이 확실합니다. 지식은 공부해서 얻게 되지만 지혜는 하나님께서 주신 선물입니다. 하나님은 하나님의 뜻을 이뤄가는 사람에게 지혜를 주십니다.

"너희 중에 누구든지 지혜가 부족하거든 모든 사람에게 후히 주시고 꾸짖지 아니하시는 하나님께 구하라 그리하면 주시리라"(약 1:5)

3. 세상 권세보다 하나님을 더 두려워한 신앙의 사람입니다

산파들은 다시 곤란에 처하게 되었습니다. 이번에는 애굽 왕으로부터 히브리 산모들이 남자 아기를 출산하게 되면 곧바로 죽이라는 명령이 주어졌기 때문입니다. 그러나 산파들은 하나님의 사람으로 생명을 해하는 것은 하나님 앞에 죄를 범하는 것이므로 왕의 명령이 내려졌을 때 머뭇거리거나 고민한 흔적이 성경에 없는 것으로 보아 확실한 믿음의 사람입니다. 산파들은 권력을 가진 애굽 왕이 내린 법보다 살인하지 말라고 말씀하신 하나님을 더 두려워했습니다(21절).

위기 앞에서 믿음을 지키면 하나님이 도와주십니다. 잠언서 기자는 "사람을 두려워하면 올무에 걸리게 되거니와 여호와를 의지하는 자는 안전하리라"(잠 29:25)고 했습니다. 산파들이 애굽 왕보다 하나님을 두려워하는 선택을 했기에 하나님께서 복을 주셨습니다. '십브라'와 '부아'는 결단을 내릴 때 사람의 눈치를 보기보다 하나님의 뜻을 먼저 생각했습니다. 망설이지 않고 하나님의 나라와 그 의를 먼저 생각했습니다. 인간의 법보다 하나님의 법을 우선순위에 두었습니다.

"여호와를 경외함으로 섬기고 떨며 즐거워할지어다"(시 2:11)

말씀 실천하기
- 선택의 기로에서 하나님의 법을 따를 각오가 되어 있습니까?
- 누군가 믿음 생활을 방해 한다면 대처할 준비가 되어 있습니까?

합심 기도하기
- 삶의 순간마다 하나님의 은혜가 임하게 하옵소서.
- 악한 자들의 속임수에 넘어가지 않도록 지혜를 주옵소서.

05 신앙교육의 모델 요게벳

본문 말씀
출 2:1-10

◆ 이룰 목표

- 신앙교육의 중요성을 안다.
- 부모의 신앙관이 자녀에게 미칠 영향이 얼마나 큰지를 안다.

◆ 본문 살피기

- 모세의 부모는 아들을 몇 달 동안 숨겨서 키웠습니까?(2절)
- 모세의 부모는 왜 갈대상자를 이용했습니까?(3절)
- 바로의 딸에게 유모를 소개시킨 사람은 누구입니까?(7절)

소그룹예배 인도 순서	
사도신경	다 같이
찬 송	199(통 234)
기 도	회원 중
본문 말씀	출 2:1-10
새길 말씀	출 2:10
헌금 찬송	565(통 300)
헌금 기도	회원 중
주기도문	다 같이

말씀 나누기

출애굽기 2장을 '모세의 장' 이라고 합니다. 모세의 유아 시절(1–10절), 청년 시절(11–15절), 장년 시절(16–25절)에 대해 기록되어 있기 때문입니다. 출애굽기의 주인공은 모세지만 교육적인 측면에서 보면 모세보다 더 주목해야 할 한 사람이 있습니다. 모세의 어머니입니다. 본문에는 이름이 언급되어 있지 않고 '레위 여자' (1절)라고만 기록되어 있지만, 그 여인은 '여호와는 영광' 이라는 뜻을 가진 '요게벳' 입니다. '요게벳' 은 출애굽기 6장

20절과 민수기 26장 59절에만 기록되어 있습니다. 모세의 위대함을 강조한 히브리서 기자는 히브리서 11장 23절에서 그를 믿음 있는 어머니로 소개하고 있습니다. 신앙인으로서 성공적인 자녀교육을 한 모세의 어머니가 가졌던 영적 유산이 무엇인지 살펴보려고 합니다.

1. 남다른 사랑을 소유한 사람입니다

모세가 태어날 당시 히브리인들은 애굽의 식민지하에 있었습니다. 아므람과 요게벳 부부에게는 딸 미리암과 아들 아론(민 26:59), 이렇게 남매의 자녀를 두고 있었습니다. 세 번째 아기를 가졌을 때, 애굽의 바로 왕은 히브리인들의 증가로 위협을 느낀 나머지 앞으로 히브리인 중에 남자 아기가 태어나면 나일강에 던져 죽이라는 특별법을 만들어 공포했습니다(출 1:22). 이 시기에 요게벳이 셋째 아기를 출산했습니다. 아들을 낳은 요게벳은 아이의 잘생긴 모습을 보고 석 달 동안 숨겨 키우게 됩니다(2절). 아이에 대한 사랑으로 애굽 왕 바로의 명령을 어기고 숨겨 키운 것입니다. 왕의 명령을 거역한다는 것은 아이로 인해 생명을 잃을 수도 있으며 집안에 큰 어려움이 발생할 수도 있었습니다. 그런데도 요게벳은 아이에 대한 사랑으로 자신을 돌아보지 않고 목숨을 걸고 자녀를 사랑하는 어머니의 모습을 보여주고 있습니다. 이와 같은 사랑의 결실이 이스라엘을 애굽에서 인도해 나오는 지도자를 탄생하게 만드는 결과를 가져오게 됩니다.

"육신을 따르는 자는 육신의 일을, 영을 따르는 자는 영의 일을 생각하나니"(롬 8:5)

2. 모든 상황을 하나님께 맡기는 믿음의 사람입니다

요게벳은 석 달 동안 아기를 숨겨 키웠으나 더 이상 키우기가 어렵게 되었습니다. 요게벳은 바로 왕의 명령을 무서워하지는 않았지만 커가는 아이의 모습을 숨기기에는 한계가 있었습니다. 그래서 결단을 하게 됩니다. 이대로 발각되어 죽임을 당하는 것보다 아이를 위해 갈대 상자를 만들어 나일 강에 띄워 보내기로 합니다. 그리고 이 모든 일을 하나님의 인도하심에 맡기기로 결심합니다. 정성을 다해 갈대 상자를 만들고 역청과 나무진을 칠하여 물이 들어오지 않도록 세심하게 만들었습니다. 이제 나일 강에 내려놓고 하나님의 인도하심에 맡기는 일밖에는 달리 할 수 있는 일이 없습니다. 요게벳은 아이를 넣은 갈대 상자를 나일 강가 갈대 사이에 두었습니다. 그리고 아이의 누이 미리암이 멀리서 아이를 지켜봤습니다.

그때 바로 왕의 딸이 시녀들을 데리고 목욕하러 왔다가 갈대 상자를 발견하게 됩니다. 그녀는 시녀를 시켜 갈대 상자를 가져오게 하여 열어봅니다. 아이를 바라보는 바로 왕의 딸의 마음이 특별했음을 보여주고 있습니다(6절). 그 광경을 처음부터 지켜보고 있던 미리암이 유모를 소개해주겠다는 제안을 합니다. 결국 자신의 어머니이자 모세의 어머니인 요게벳을 소개하고 요게벳은 삯을 받고 유모 생활을 하게 됩니다(9절). 이처럼 위기를 만났을 때, 할 수 있는 일은 최선을 다해 감당하며 모든 상황을 하나님께 맡기면 하나님이 책임져 주십니다.

"네 길을 여호와께 맡기라 그를 의지하면 그가 이루시고"(시 37:5)

3. 신앙교육이 선행되어야 한다는 것을 가르쳐준 사람입니다

모세의 어머니 요게벳은 딸 미리암의 소개로 모세의 유모가 되어 왕궁으로 들어가서 애굽 왕의 공주 곁에 거하면서 모세에게 젖을 먹이며 기회가 있을 때마다 모세에게 히브리식 조기교육을 시켜나갔습니다. 지금 아기는 애굽의 궁궐에 있습니다. 자연스럽게 애굽의 문화를 습득하게 될 상황입니다. 애굽의 문화는 우상 중심의 문화라는 것을 알고 있는 요게벳은 아기에게 젖을 먹이며 하나님 중심의 신앙교육을 가르쳤습니다. 요게 벳의 조기교육이 성공한 증거는 모세가 성장했을 때 나타납니다. 히브리서 11장 24절은 "믿음으로 모세는 장성하여 바로의 공주의 아들이라 칭함을 받기를 거절하고 도리어 하나님의 백성과 함께 고난받기를 잠시 죄악의 낙을 누리는 것보다 더 좋아하고 그리스도를 위하여 받는 수모를 애굽의 모든 보화보다 더 큰 재물로 여겼으니 이는 상 주심을 바라봄이라"라고 기록합니다.

모세가 애굽 왕궁에서 부귀영화를 누릴 수 있는 기회를 과감하게 포기할 수 있었던 것은 어머니 요게벳의 품에서 젖을 빨며 신앙교육을 받은 결과였고, 애굽의 풍습과 문화를 좇아서 사는 것은 신앙에 위배 된다는 것을 알았기 때문입니다. 이처럼 신앙교육은 어려서부터 받아야 견고한 믿음의 사람으로 성장할 수 있습니다. 모세의 어머니 요게벳은 예수님의 모친 마리아와 사무엘의 모친 한나와 같이 성경에 등장하는 3대 신앙의 현모입니다. 신앙교육에 최선을 다하고, 어떤 유산보다도 신앙을 유산으로 물려주는 부모가 되어야 합니다.

"그 세대의 사람도 다 그 조상들에게로 돌아갔고 그 후에 일어난 다른 세대는 여호와를 알지 못하며 여호와께서 이스라엘을 위하여 행하신 일도 알지 못하였더라"(삿 2:10)

말씀 실천하기
- 자녀의 신앙교육을 공교육보다 귀하게 여기고 실천할 방법을 생각해 봤습니까?
- 하나님께서 자녀를 인도해주실 것을 믿고 맡길 각오가 되어 있습니까?

합심 기도하기
- 우리 자녀가 신앙의 다음세대의 중심에 서게 하옵소서.
- 우리 자녀들이 세속화되지 않도록 하옵소서.

06 올바른 선택을 한 **여호수아**

본문 말씀
수 24:14-18

◆ 이룰 목표
- 하나님을 온전히 섬기는 방법을 안다.
- 올바른 선택의 중요성을 깨닫는다.

◆ 본문 살피기
- 여호와만 섬기기 위해 버려야 할 것들은 무엇입니까?(14절)
- 여호수아가 선택을 요구했을 때 이스라엘 백성들의 반응은 어떠했습니까?(16절)
- 하나님께서 이스라엘 백성이 보는 앞에서 쫓아낸 족속은 누구입니까?(18절)

소그룹예배 인도 순서	
사도신경	다 같이
찬 송	347장(통 382)
기 도	회원 중
본문 말씀	수 24:14-18
새길 말씀	수 24:15
헌금 찬송	351장(통 389)
헌금 기도	회원 중
주기도문	다 같이

말씀 나누기

여호수아는 인생 말년에 지난날 이스라엘과 언약했던 세겜에서 백성들과 백성의 장로들과 지도자들, 재판관, 관리들을 모아놓고 아브라함의 아버지 데라로부터 시작하여, 출애굽과 홍해 사건, 요단 동편의 사건과 서편 가나안 땅의 정복까지 과거 이스라엘에 대한 하나님의 역사를 회고하면서 가나안에 정착한 지 20여 년이 지난 지금까지도 조상들이 강 건너편과 애굽, 그리고 가나안땅의 아모리인이 섬기던 우상숭배의 습관을 버리지 않은 사람들이 있음을 보고 하나님의 백성으로서 삶을 살지 못한 채 어정쩡한 모습으로 신앙생활 하는 자들을 깨우치기 위해 지혜로운 선택, 결단력 있는 선택, 최선의 선택을 촉구하는 말씀입니다. 어떤 이유에서 신앙적으로 올바른 선택이 중요한지를 살펴보겠습니다.

1. 은혜받은 자의 본분이기 때문입니다

이스라엘 백성들이 정복한 가나안땅은 오직 여호와의 선물로 주어진 땅입니다(12-14절). 그러므로 하나님의 은혜를 입은 백성들은 그에 대한 보답을 하며 살아야만 합니다. 그럼에도 불구하고 그들은 조상들이 잘못 섬겨왔던 신들과 가나안 원주민들이 섬기던 우상과 이방 문화에 대해 관심을 갖게 되었고 그로인해 마음이 흔들리고 있는 모습이 여호수아의 눈에 보였던 것입니다. 그런 것들은 쓰나미와 같아서 한번 받아들이면 물밀듯이 파고 들어와 혼란에 빠뜨립니다.

여호수아가 염려한 것도 하나님의 백성들이 우상을 섬기며 이방 문화에 동요되어 하나님을 대적하는 것이었습니다. 인생의 석양을 맞이한 노선지자 여호수아는 마지막 남은 생명의 불꽃을 가지고 "너희 섬길 자를 오늘 택하라"(15절)고 선포하며 하나님만 섬기는 신앙의 길을 선택할 것을 강력히 촉구합니다. 이 메시지를 선포한 여호수아는 젊은 날에도 그분을 선택하였으며 노년이 되어 죽을 때까지 변함이 없었습니다. 그렇기에 사랑하는 백성들도 이 귀한 신앙 안에서 복을 받는 백성이 되기 원하는 마음에서 강력히 촉구하고 있는 것입니다.

"여호와를 경외하며 그의 길을 걷는 자마다 복이 있도다"(시 128;1)

2. 신앙인으로서 모범이 되기 때문입니다

여호수아의 도전적인 말에 주목할 필요가 있습니다. 일찍이 모세가 이스라엘 백성들 앞에 사망과 생명을 두고 선택을 요구했던 것처럼(신 30:15), 여호수아도 이스라엘 백성들 앞에서 "오직 나와 내 집은 여호와를 섬기겠다"(15절)며 자신이 먼저 신앙의 모범을 보일 것을 다짐하며 최선의 선택을 촉구하고 있습니다. 그러나 무조건 하나님만 섬기라고 선택을 강요하지는 않았습니다. '만일 여호와를 섬기는 것이 좋지 않게 보이거든 너희들이 섬길 자를 택하라'(15절)며 합리적이고 자발적인 선택을 할 수 있도록 기회를 주고 있습니다. 그러한 기회를 주는 것은 그들이 "나 외에 다른 신을 네게 있게 하지 말라"(출 20:3)는 말씀을 익히 알고 있기 때문입니다.

하나님의 자녀 된 것보다 더 중요한 것은 하나님의 자녀답게 말씀을 실천하는 삶을 사는 것입니다. 하나님께서는 우리에게 '여호와를 경외하며 온전히 그리고, 진실 되게 섬기라'(14절)고 하셨습니다. 그러므로 자녀답게 올바른 신앙적 선택을 하는 것뿐만 아니라 삶으로 살아내는 모범을 보여야 합니다.

"네 하나님 여호와를 섬기라 그리하면 여호와가 너희의 양식과 물에 복을 내리고 너희 중에서 병을 제하리니"(출 23:25)

3. 역사의 주관자이신 하나님만을 온전히 섬기는 일이기 때문입니다

17-18절은 섭리하시는 하나님, 능력주시는 하나님, 심판하시는 하나님으로 요약할 수 있습니다. 하나님을 온전히 섬기라는 뜻이 담겨있습니다. 하나님을 온전히 섬기는 것은 내가 편하기 위해서가 아닙니다. 물질적인 풍요, 육신의 건강만을 위해서도 아닙니다. 영적인 것을 위해서입니다. 하

나님을 온전히 섬기려면 그에 상응하는 핍박도 각오해야 하는데, 여호수아가 "오직 나와 내 집은 여호와를 섬기겠노라"(15절)고 고백하며 다짐합니다. 선택에는 그에 따르는 수많은 고통이 동반됩니다. 그래도 하나님을 선택해야 합니다.

여호수아가 자신의 임종이 가까운 시점에서 신앙적으로 올바른 선택에 대해 강력히 촉구했다는 것은 큰 의미가 있습니다. 갈팡질팡하던 이스라엘 백성들은 여호수아가 선포하는 말씀을 듣고 "우리가 결단코 여호와를 버리고 다른 신들을 섬기기를 하지 아니하오리니"(16절)라며, 과거 조상들이 범한 죄를 다시 번복하지 않겠다는 의지를 보여주고 있습니다. 하나님만을 온전히 섬기겠다는 결단은 하나님이 역사의 주관자이심을 인정하는 태도입니다. 이처럼 올바른 선택과 결단이 믿음 생활에서 선행되어야 합니다.

"이스라엘이 여호수아가 사는 날 동안과 여호수아 뒤에 생존한 장로들 곧 여호와께서 이스라엘을 위하여 행하신 모든 일을 아는 자들이 사는 날 동안 여호와를 섬겼더라"(수 24:31)

말씀 실천하기
- 문화와 전통이라는 명분보다 하나님께 더 순종할 각오가 되어 있습니까?
- 신앙인으로서 결단이 필요할 때 예수님을 먼저 생각하겠습니까?

합심 기도하기
- 신앙인답게 결단할 수 있도록 담대함을 주옵소서.
- 오직 여호와만 섬기는 가정이 되게 하옵소서.

07 하나님을 온전히 좇은 **갈렙**

본문 말씀
수 14:1-15

◆ 이룰 목표
- 하나님의 약속에 기초한 믿음이 무엇인지를 확실히 안다.
- 변함없는 믿음의 사람에게 하나님의 약속이 성취됨을 안다.

◆ 본문 살피기
- 갈렙은 어떤 사람입니까?(7-8절)
- 하나님께서 모세를 통해 갈렙에게 주신 약속은 무엇입니까?(9절)
- 하나님께서 헤브론을 갈렙에게 기업으로 주신 이유는 무엇입니까?(14절)

소그룹예배 인도 순서

사도신경	다 같이
찬 송	433장(통 490)
기 도	회원 중
본문 말씀	수 14:1-15
새길 말씀	수 14:12
헌금 찬송	358장(통 400)
헌금 기도	회원 중
주기도문	다 같이

말씀 나누기

갈렙은 하나님께서 약속하신 가나안땅을 탐지하러간 12명 중 한 명입니다. 40일 동안 정탐하고 돌아온 대부분의 정탐꾼들은, 이스라엘의 능력으로 도저히 정복할 수 없다는 불신앙적인 보고를 했지만, 여호수아와 갈렙은 '하나님께서 기뻐하시면 그 땅으로 우리를 인도하실 것이요, 하나님께서 우리의 보호자가 되시고 함께 하시기 때문에 그 땅 백성을 두려워하지 말자'(민 14:8-10)라는 믿음의 고백을 했습니다. 이처럼 갈렙은 가나안 땅을 이스라엘에게 주시겠다는 하나님의 말씀을 의심하지 않았고 굳게 믿음으로 가나안땅에 들어갈 수 있었습니다.

또한 갈렙은 본래 '그니스 사람'(수 14:6) 곧 에돔 족속 에서의 후손(창 36:11,15)으로 순수한 히브리 혈통이 아니었습니다. 그럼에도 불구하고 믿음으로 하나님의 약속을 성취하여 유다 족속에 속하게 됩니다. 이스라엘 군대가 가나안 땅을 정복한 후, 그가 85세가 되었을 때에도 아직 정복하지 못한 헤브론 땅을 정복하고 기업으로 받아 그의 변함없는 믿음을 증거했습니다. 이러한 갈렙이 하나님 앞에 어떤 사람이었는지 살펴보겠습니다.

1. 하나님께 충성했습니다

갈렙이 가나안 땅을 탐지하고 돌아와서 성실한 마음으로 보고를 할 수 있었던 것은, 바로 그의 믿음이었습니다. 8절에 "나와 함께 올라갔던 내 형제들은 백성의 간담을 녹게 하였으나 나는 하나님 여호와께 충성하였으므로"라는 말씀이 있습니다. 여기서 '여호와께 충성했다'라는 말은 인간이 가진 능력이나 환경이 아니라, '하나님께 집중했다'는 의미입니다. 이것은 그의 온전한 믿음을 보여주는 말입니다.

다른 정탐꾼들의 보고는 매우 현실적이고 사실적이었습니다. '그 땅에는 아낙 자손이 살고 있고 그들의 성읍은 견고하다. 우리는 메뚜기이다.' 그래서 가나안 정복은 불가능하다고 보고했습니다. 다른 정탐꾼들 역시 하나님께서 애굽에서 행하신 열 가지 재앙을 직접 눈으로 보았고 홍해를 건너는 기적을 체험한 사람들이었습니다. 그럼에도 불구하고 그들은 하나님의 능력을 망각하고 하나님께서 그 땅을 주시겠다는 약속의 말씀을 믿지 못했습니다. 갈렙 역시 다른 정탐꾼들과 같이 40일 동안 가나안 땅을 두루 돌아다니며 그들과 동일한 것을 보았습니다. 그러나 갈렙은 하나님과 그분의 약속을 믿었습니다. 사람으로는 할 수 없지만 여호와 하나님은 다 하실 수 있다는 믿음을 가지고 하나님께 충성한 사람이었습니다.

"믿음이 없이는 하나님을 기쁘시게 하지 못하나니 하나님께 나아가는 자는 반드시 그가 계신 것과 또한 그가 자기를 찾는 자들에게 상주시는 이심을 믿어야 할지니라"(히 11:6)

2. 하나님의 약속을 믿었습니다

하나님께 충성한 여호수아와 갈렙을 하나님께서 가나안 땅에 들어가도록 허락하셨습니다. 가나안 땅에 들어간 갈렙은 85세의 노인이 되어서도 하나님의 약속의 말씀을 믿었습니다. 그래서 여호수아가 이스라엘 지파에게 땅을 배분할 때, 하나님의 약속된 말씀에 따라 헤브론 땅을 자신에게 줄 것을 요청합니다.

그러나 갈렙이 여호수아에게 요청한 헤브론 지역은 아직 이스라엘에 의해 완전히 정복되지 못한 땅으로서 아낙 사람이 살며 크고 견고한 요새로 되어 있는 지역이었습니다. 그럼에도 불구하고 갈렙은 45년 전 여호와 하나님께서 모세를 통해 약속하신 말씀을 끝까지 신뢰했으며(9절), 가나안 땅을 정복하게 하신 하나님께서 자신에게 헤브론 땅을 차지하게 하실 것을 믿었습니다. 하나님께서는 오랜 세월이 지나갔음에도 불구하고, 여전히 불가능할 것 같은 상황 속에서도 약속의 말씀을 믿고 끝까지 집중하는 갈렙에게 헤브론을 차지하게 하심으로 당신의 약속을 성취시켜 주셨습니다.

"믿음으로 사라 자신도 나이가 많아 단산하였으나 잉태할 수 있는 힘을 얻었으니 이는 약속하신 이를 미쁘신 줄 알았음이라"(히 11:11)

3. 믿음대로 이루어졌습니다

갈렙은 "오늘 내가 팔십오 세로되 모세가 나를 보내던 날과 같이 오늘도 내가 여전히 강건하니 내 힘이 그 때나 지금이나 같아서 싸움에나 출입에 감당할 수 있으니"라고 말하며 여호수아에게 "그날에 여호와께서 말씀하신 이 산지를 지금 내게 주소서 당신도 그 날에 들으셨거니와 그곳에는 아낙 사람이 있고 그 성읍들은 크고 견고할지라도 여호와께서 나와 함께 하시면 내가 여호와께서 말씀하신 대로 그들을 쫓아내리이다"라고 말합니다. 이러한 믿음대로 갈렙은 거대한 아낙 사람들을 몰아내고 헤브론을 기업으로 받았습니다.

하나님의 말씀은 사람들에게 거룩한 비전을 주고, 거룩한 비전을 품은 사람은 산을 옮길만한 용기와 하나님의 보호하심을 선물로 받습니다. 또한 끝까지 약속의 말씀을 믿고 실행하는 사람은 땅을 기업으로 받게 됩니다. 갈렙의 믿음과 삶이 이를 증거하고 있습니다.

"너희 믿음의 확실함은 불로 연단하여도 없어질 금보다 더 귀하여 예수 그리스도께서 나타나실 때에 칭찬과 영광과 존귀를 얻게 할 것이니라" (벧전 1:7)

말씀 실천하기
- 지금까지 인도해 주신 하나님을 기억하며 신뢰하고 있습니까?
- 하나님께 집중하는 삶을 살기 위해 어떤 결단을 하겠습니까?

합심 기도하기
- 갈렙 같은 믿음의 사람들이 세워져 가는 교회되게 하소서.
- 어떠한 환경에서도 하나님만을 신뢰하는 믿음을 주소서.

08 믿음으로 구원받은 **라합**

본문 말씀
수 2:1-14

◆ 이룰 목표

- 믿음은 하나님의 역사에 근거하는 것임을 안다.
- 사명은 가까운 이웃에게 하나님 나라를 전파하는 것임을 깨닫는다.

◆ 본문 살피기

- 라합이 거짓말을 하는 이유는 무엇입니까?(4절)
- 여리고 사람들이 이스라엘군대를 두려워한 이유는 무엇입니까?
  (9-10절)
- 라합은 하나님에 대하여 어떤 믿음을 가졌습니까?(11절)

소그룹예배 인도 순서

사도신경	다 같이
찬 송	191장(통 427)
기 도	회원 중
본문 말씀	수 2:1-14
새길 말씀	수 2:11
헌금 찬송	445장(통 502)
헌금 기도	회원 중
주기도문	다 같이

—— 말씀 나누기

히브리서 11장은 구약시대에 나타난 믿음의 조상에 대한 역사를 소개한 믿음장입니다. 그 믿음의 조상들 가운데 아주 특이한 인물이 있습니다. 바로 기생 라합입니다. 당시 여호수아의 군대는 요단강 동편에 진을 치고 공격할 여리고성에 두 명의 정탐꾼을 보냅니다. 이때 기생 라합은 적지에서 절박한 위기에 빠진 정탐꾼들을 위험에서 숨겨줌으로써 자신과 가족에 대한 구원의 약속을 받게 됩니다.

그녀가 여리고성 대신 정탐꾼을 선택한 것은 하나님에 대한 믿음 때문이었습니다. 라합은 믿음으로 기생이란 신분에서 다윗 왕의 고조할머니가 되었으며(마 1:5) 결국에는 예수님의 조상이 되기까지 합니다. 바로 이 놀라운 일의 주인공인 '기생 라합'에 대해서 살펴보겠습니다.

1. 하나님을 깊이 신뢰하는 믿음의 사람이었습니다

이스라엘의 지도자 여호수아는 가나안 땅을 공략하기 위해 여리고 성에 두 사람의 정탐꾼을 보냈습니다. 그러나 여리고 왕은 정탐꾼들이 들어왔다는 첩보를 듣고 기생 라합의 집으로 급히 군대를 파견합니다. 그때 라합은 위기를 맞은 정탐꾼들을 보호해 줍니다. 나아가 그녀는 정탐꾼들이 무사히 여리고성을 빠져 나가도록 도와주기까지 했습니다(수 2:15).

라합의 이와 같은 행동은 목숨을 건 위험한 일이었습니다. 라합은 무엇 때문에 이렇게 행동했을까요? 이것은 '여호와께서 이 땅을 너희에게 주신 것도 내가 알고'(9절), '너희가 애굽에서 나올 때 여호와께서 너희 앞에서 홍해 물을 마르게 하신 일도 들었으며'(10절), "우리가 듣자 곧 마음이 녹았고 너희로 말미암아 사람이 정신을 잃었나니 너희의 하나님 여호와는 위로는 하늘에서도 아래로는 땅에서도 하나님이시니라"는 라합의 고백에서 명확하게 찾아 볼 수 있습니다(11절). 즉, 라합이 선택한 것은 이스라엘이 보낸 정탐꾼이 아니라 이스라엘의 하나님, 하늘과 땅을 창조하시고 다스리시는 전능하신 하나님이었습니다. 라합은 애굽에서 이스라엘을 건져내시고 그들을 강하게 하여 가나안 땅을 정복하게 하시는 하나님께서 그들과 함께 하시기에 여리고성도 곧 정복될 것임을 믿음의 눈으로 바라본 것입니다. 이러한 라합의 믿음은 그와 가족을 구원하였고 믿음의 조상으로 불리는 영광을 가져왔습니다.

"우리가 마음에 뿌림을 받아 악한 양심으로부터 벗어나고 몸은 맑은 물로 씻음을 받았으니 참 마음과 온전한 믿음으로 하나님께 나아가자"(히 10:22)

2. 행동하는 믿음의 사람이었습니다

라합은 하나님을 신뢰하고 하나님 편에서 행동했습니다. 이스라엘 정탐꾼을 도와준 것을 보면 알 수 있습니다. 야고보 사도는 "또 이와 같이 기생 라합이 사자를 접대하여 다른 길로 나가게 할 때에 행함으로 의롭다 하심을 받은 것이 아니냐"(약 2:25)고 말씀합니다. 이 말은 '라합이 하나님에 대해 믿기만 하고, 정탐꾼을 구출하는 실제적 행위를 하지 않았다면 의롭다 함을 얻지 못했을 것'이라는 뜻입니다.

이처럼 믿음은 행동이고, 순종입니다. 믿는다고 하면서도 행하지 않고 생각과 입으로만 예수님을 믿으려 하면 안 됩니다. 몸과 삶 전체로 믿어야 합니다. 행동이 없는 믿음은 죽은 믿음입니다. 라합은 하나님을 믿었기에 생명을 내걸고 정탐꾼들을 보호해주었고 그의 미래를 하나님의 손에 맡길 수 있었습니다.

"어떤 사람은 말하기를 너는 믿음이 있고 나는 행함이 있으니 행함이 없는 네 믿음을 내게 보이라 나는 행함으로 내 믿음을 네게 보이리라 하리라"(약 2:18)

3. 구원의 비밀을 받은 사람입니다

라합에 의해 위기를 모면한 정탐꾼들은 라합에게 구원의 약속을 합니다. "우리가 이 땅에 돌아 올 때에 우리를 달아 내리운 창에 붉은 줄을 매고 네 부모와 형제와 네 아버지의 가족을 다 네 집에 모으라"(수 2:18) 라합을 구원하겠다는 증표로 붉은 줄을 창문에 매달라고 했습니다. 창문에 드리운 붉은 줄은 그리스도 십자가의 보혈과 구원을 상징합니다.

라합은 구원의 약속을 받은 사람입니다. 라합은 정탐꾼들에게 구원의 대상으로 '그녀의 부모와 형제자매 그리고 그들에게 속한 모든 사람'(13절)을 제시했으며, 정탐꾼들이 떠난 후 가족 모두에게 구원의 소식을 전했을 것입니다. 오늘날도 구원의 비밀을 받은 자가 전하지 않는다면 더 이상 구원의 기쁨은 없을 것입니다.

"그 여자에게 말하되 이제 우리가 믿는 것은 네 말로 인함이 아니니 이는 우리가 친히 듣고 그가 참으로 세상의 구주신 줄 앎이라 하였더라"(요 4:42)

말씀 실천하기
• 라합처럼 하나님께 순종할 수 있도록 어떤 결단을 하겠습니까?
• 선한 삶으로 이웃에게 복음을 전하고 있습니까?

합심 기도하기
• 이웃들에게 이 생명의 복음을 담대하게 전하게 하소서.
• 무엇을 하든지 담대하게 하나님의 말씀을 붙잡고 순종하게 하소서.

믿음이 없이는 하나님을 기쁘시게 못하나니
하나님께 나아가는 자는 반드시 그가 계신 것과
또한 그가 자기를 찾는 자들에게 상 주시는이심을
믿어야 할지니라

- 히 11:6

하나님나라 백성들의 영성 – 사역편

바이블 루트

2

09 현숙한 여인 룻

| 본문 말씀 | ◆ 이룰 목표 |

본문 말씀
룻 3:6-15

◆ 이룰 목표

- 하나님의 인애가 사람과의 관계 속에 어떻게 나타나는지를 안다.
- 언제 어디서나 하나님의 뜻을 분별하고 그 뜻대로 결단한다.

◆ 본문 살피기

- 룻이 왜 밤중에 보아스에게 옷자락을 덮어달라고
  요청하였습니까?(9절)
- 보아스가 두려워 말라고 한 이유는 무엇입니까?(11절)
- 보아스가 룻에게 한 맹세는 무엇입니까?(13절)

소그룹예배 인도 순서

사도신경 다 같이
찬 송 446장(통 500)
기 도 회원 중
본문 말씀 룻 3:6-15
새길 말씀 룻 3:10
헌금 찬송 279장(통 337)
헌금 기도 회원 중
주기도문 다 같이

말씀 나누기

룻은 이방 족속인 모압의 여인으로 본래 하나님을 알지 못하였습니다. 그런 그녀가 모압으로 이주해 온 엘리멜렉의 집안으로 시집와서 비로소 하나님을 알게 되었습니다. 그러나 그녀는 남편이 일찍 죽게 되는 큰 어려움을 만납니다. 게다가 엘리멜렉의 집안에는 일할 수 있는 남자들이 하나도 없었습니다. 그런 어느 날 여호와께서 남편의 고향인 베들레헴을 축복하셔서 그곳이 풍년이 들었다는 소식을 듣게 되었습니다. 이에 시어머니는

짐을 싸고 두 며느리를 데리고 모압 땅을 떠나오는 도중에 시어머니가 모압 여인들인 오르바와 룻에게 고향 땅으로 돌아가라고 권면하였습니다. 그때 오르바는 고향 땅으로 갔지만, 룻은 시어머니와 함께 베들레헴으로 돌아와서 보아스와 재혼하고 다윗과 예수 그리스도의 조상이 되었습니다. 오늘은 바로 이 룻에 대해서 살펴보겠습니다.

1. 시어머니와 생사를 함께 하기로 결단한 며느리였습니다

시어머니 나오미는 다시 고향 땅으로 돌아가려고 결심하였습니다. 그래서 모압 여인이었던 두 며느리에게 집으로 돌아가라고 권면했습니다. 그때 첫째 며느리인 오르바는 머뭇거리다 돌아갔으나, 둘째 며느리였던 룻은 어머니를 따라가겠다고 결단하였습니다. 룻은 시어머니에게 이렇게 이야기합니다. "내게 어머니를 떠나며 어머니를 따르지 말고 돌아가라 강권하지 마옵소서 어머니께서 가시는 곳에 나도 가고 어머니께서 머무시는 곳에서 나도 머물겠나이다 어머니의 백성이 나의 백성이 되고 어머니의 하나님이 나의 하나님이 되시리니 어머니께서 죽으시는 곳에서 나도 죽어 거기 묻힐 것이라 만일 내가 죽는 일 외에 어머니를 떠나면 여호와께서 내게 벌을 내리시고 더 내리시기를 원하나이다"(룻 1:16-17). 룻은 시어머니와 생사를 함께하기로 결심하였습니다.

룻이 자기의 부족을 떠나 다른 부족에게 간다는 것은 결코 쉬운 일이 아니었을 것입니다. 그럼에도 불구하고 그녀는 하나님께 대한 확고한 믿음으로 시어머니와 함께 했습니다.

"그리스도는 하나님의 집을 맡은 아들로서 그와 같이 하셨으니 우리가 소망의 확신과 자랑을 끝까지 굳게 잡고 있으면 우리는 그의 집이라"(히 3:6)

2. 시어머니를 온전히 섬기는 며느리였습니다

롯은 젊었습니다. 인간적으로 생각하면 롯에게 시어머니 나오미는 거침돌이 될 뿐 결코 도움은 될 수 없었습니다. 그럼에도 불구하고 시어머니에 대해 극진한 태도를 버리지 않았습니다. 롯은 먼 타향인 베들레헴에 돌아와서도 시어머니를 정성껏 봉양했습니다. 낯선 땅에 와서 아직 모든 것이 서투른 환경이었지만 잠시도 머물지 않고 일터로 나아갔습니다. 당장 먹을 것이 없는 가난한 형편이었기에 보리 이삭을 주워서 시어머니와 함께 음식을 해서 먹어야 했습니다. 시어머니를 위하여 부끄러움이나 피곤함도 개의치 않고 열심히 일했습니다. 며느리로서 집안의 경제적인 책임과 의무를 다했습니다. 롯은 하나님께 대한 결단력 있는 믿음을 갖고 있었을 뿐만 아니라, 늙고 외로운 시어머니를 끝까지 모시는 효성도 있었던 것입니다.

"자녀들아 주 안에서 너희 부모에게 순종하라 이것이 옳으니라 네 아버지와 어머니를 공경하라 이것은 약속이 있는 첫 계명이니 이로써 네가 잘되고 땅에서 장수하리라"(엡 6:1-3)

3. 하나님께 대한 온전한 믿음을 가진 여인이었습니다

그녀는 비록 하나님께 대한 신앙의 연륜이 짧았음에도 불구하고, 누구보다도 하나님께 대한 바른 신앙의 안목을 가지고 있었습니다. 그녀는 "어머니의 백성이 나의 백성이 되고 어머니의 하나님이 나의 하나님"(16절)이라고 고백하였습니다. 참으로 위대한 신앙고백입니다. 이처럼 롯은 여호와만이 참 하나님이심을 믿었던 올바른 신앙의 소유자였고, 바로 이러한 신앙고백으로 인해 하나님의 백성이 되어 언약의 공동체 안에 들어올 수 있었던 것입니다. 그녀는 어머니의 하나님을 나의 하나님으로 섬겼습니다. 이것은 어린 시절 섬겼던 우상을 버렸다는 것을 의미하는 것으로 위대한 결단입니다.

릇은 보아스와 결혼하여 아들을 낳고 부와 명예를 얻는 복을 받는 것뿐만 아니라 다윗 왕의 증조모가 되었고 예수 그리스도께서 그의 후손으로 오시는 영광을 얻었습니다. 모든 이웃들이 "일곱 아들보다 귀한 자부"라고 칭송했습니다. 결국 가문을 빛낸 여인이 되었습니다. 예수님의 족보에 그 이름이 올랐습니다. 뿐만 아니라 이방 여인으로서 성경 책명으로 쓰임받는 영광을 얻게 되었습니다.

"우리가 다 하나님의 아들을 믿는 것과 아는 일에 하나가 되어 온전한 사람을 이루어 그리스도의 장성한 분량이 충만한 데까지 이르리니"(엡 4:13)

말씀 실천하기
- 하나님의 특별한 섭리 가운데 '우연히' 이루어진 만남이 있습니까?
- 형제나 자매에게 최선을 다하는 인애를 베푼 적이 있습니까?

합심 기도하기
- 부족함이 없는 온전한 믿음을 주소서.
- 한두 번이 아닌 끝까지 인애를 베푸는 사람이 되게 하소서.

10 축복의 통로가 된 **보아스**

본문 말씀
룻 4:1-12

◆ 이룰 목표

- 보아스를 통해 하나님의 긍휼과 자비를 안다.
- 경제적 손실에 따라 사는 삶이 아닌 약속에 충성된 삶을 사는
  법을 안다.

◆ 본문 살피기

- 기업 무를 자가 해야 할 일은 무엇입니까?(5절)
- 기업 무를 자가 왜 기업 무르는 것을 거절했습니까?(6절)
- 기업 무를 자가 거절하는 증표를 어떻게 표현했습니까?(8절)

소그룹예배 인도 순서

사도신경 다 같이
찬　　송 338장(통 364)
기　　도 회원 중
본문 말씀 룻 4:1-12
새길 말씀 룻 4:11
헌금 찬송 300장(통 406)
헌금 기도 회원 중
주기도문 다 같이

말씀 나누기

흉년을 피해서 모압으로 이사갔던 엘리멜렉의 가정이 몰락하고 나오미와 룻이 베들레헴으로 돌아왔을 때 하나님께서 그들을 위하여 예비해 둔 사람이 바로 보아스였습니다. 룻기 2장 1절에 보면 "나오미의 남편 엘리멜렉의 친족 중 유력한 자가 있으니 이름은 보아스더라"고 소개하고 있습니다. '보아스'라는 이름은 '유력한 자' 또는 '힘이 있는 자'라는 뜻입니다. 이는 우리를 불쌍히 여기사 우리를 찾아오신 하나님의 아들 예

수 그리스도의 모형입니다. 룻이 아무리 노동을 하여 부모에게 효도하고 그의 마음이 아름답고 고상할지라도, 보아스를 만나지 않았더라면 이 여인은 슬픈 여인이요, 불쌍한 여인이었을 것입니다. 그러한 룻을 보아스가 받아들임으로 엘리멜렉의 가문에 기업 무를 자의 역할을 잘 감당하였고 이로 인하여 메시아가 이 땅에 오는 언약의 통로로 사용되었습니다. 축복의 통로가 된 보아스는 어떤 사람인지 살펴보겠습니다.

1. 부지런하고 진실한 사람이었습니다

보아스는 큰 재력을 가진 부러울 것 없는 농부였지만 게으름 피우지 않고, 열심히 일하는 부지런한 사람이었습니다. 이러한 보아스의 모습에 일꾼들도 그를 존경하고 따랐으므로, 자신의 일처럼 열심히 일했습니다. 주님은 충성된 자를 사랑하시고 복을 내리십니다. 디모데전서 1장 12절에서 사도 바울은 "나를 능하게 하신 그리스도 예수 우리 주께 내가 감사함은 나를 충성되이 여겨 내게 직분을 맡기심이니"라고 말씀하고 계십니다. 여기에서 '충성되다' 는 것은 부지런하다는 뜻도 있지만, 진실한 사람을 말합니다. 사무엘이 다윗을 선택할 때(삼상 16:7), 하나님은 그에게 말씀하기를 "내가 보는 것은 사람과 같지 아니하니 사람은 외모를 보거니와 나 여호와는 중심을 본다"라고 말씀하셨습니다. 보아스는 하나님 보시기에 부지런하고 진실한 사람이었습니다.

"게으른 자는 마음으로 원하여도 얻지 못하나 부지런한 자의 마음은 풍족함을 얻느니라"(잠 13:4)

2. 인자한 마음을 소유했습니다

보아스는 룻에게 앞으로 자신이 해야 할 일을 수행하겠다고 약속했을 뿐 아니라 가난한 룻을 빈손으로 돌려보내지 않았습니다. 보아스는 룻에게 많은 양의 보리를 주었습니다. 이런 보아스의 태도를 통하여 그는 자비롭고 인자한 사람이라는 것을 알 수 있습니다. 그러나 하나님께서는 보아스가 룻에게 베푼 자비와 인자함과는 비교할 수도 없이 하나님을 사랑하는 사람에게 은혜를 베풀어 주십니다. 하나님께서 우리의 죄를 사해 주시고 참 평안을 얻게 하시고 말씀을 통해 영원한 복의 언약을 주신 것은 그 무엇과도 비교할 수 없는 크고 무한하신 자비와 인자함에서 비롯된 것입니다. 룻을 향하여 보아스가 "네 겉옷을 가져다가 펴서 잡으라"(15절)고 말한 뒤에 보리를 담아 주고 사랑으로 룻을 돌보았듯이 예수님도 우리를 사랑으로 돌보십니다.

"네 생각에는 이 세 사람 중에 누가 강도 만난 자의 이웃이 되겠느냐 이르되 자비를 베푼 자니이다 예수께서 이르시되 가서 너도 이와 같이 하라 하시니라(눅 10:36-37)

3. 언약을 지켰습니다

나오미는 보아스가 일을 성취하기 전에는 쉬지 않을 것을 확신하고 모든 맡은 바 일을 잘 해 나갈 것을 굳게 믿었습니다(3:18). 나오미의 예측대로 보아스는 룻에게 한 언약을 지켰으며, 그의 임무를 성실히 수행했습니다. 보아스는 밤중에 찾아온 룻을 정중히 거절하며, 가족의 기업을 무를 자로 자신보다 더 가까운 친족이 있다는 사실을 알려줍니다. 다음날 성읍 장로들을 부르고 자신보다 엘리멜렉과 가까운 친족을 불러서 나오미의 기업을 사서 돌려주라고 이야기합니다. 그러나 가까운 친족은 자신의 재산에 손해가 날까 봐 거절합니다. 그가 룻에 대한 기업 무를 자의 의무를 거절하자 보아스 자신이 기업 무를 자의 의무를 다하겠다고 약속하였습니다.

보아스가 룻과의 약속을 지킨다는 것은 자신의 경제적인 손실을 무릅쓰고 기업 무를 자의 의무를 다하겠다는 것을 의미합니다. 하나님은 이처럼 죄인을 구원하시기 위해서 먼저 언약을 베푸시고 그 언약을 신실하게 성취하셨습니다. 그것은 예수 그리스도께서 이 땅에 오셔서 십자가를 지심으로 우리를 죄에서 구원하셨다는 것을 의미합니다.

"믿음으로 아브라함은 부르심을 받았을 때에 순종하여 장래의 유업으로 받을 땅에 나아갈새 갈 바를 알지 못하고 나아갔으며"(히 11:8)

말씀 실천하기
- 맺은 언약을 성실히 이행하기 위해 최선을 다하고 있습니까?
- 맡겨진 일에 책임과 의무를 다하고 있습니까?

합심 기도하기
- 주어진 삶에 부지런하고 진실하게, 충성 된 삶을 살게 하소서
- 하나님의 약속을 믿고 그 명령에 순종하는 자가 되게 하소서.

11 기도의 어머니 **한나**

본문 말씀
삼상 1:1-18

◆ 이룰 목표

- 다가온 문제 앞에 절망하지 않고 기도하는 것이 믿음임을 안다.
- 하나님께 드린 약속은 반드시 지키는 신실한 믿음을 갖는다.

◆ 본문 살피기

- 임신을 못하게 하는 이는 누구이며, 그 이유는 무엇입니까?(5-6절)
- 한나의 고통은 무엇 때문입니까?(11절)
- 엘리 제사장은 왜 그녀가 술에 취했다고 판단했습니까?(14절)

소그룹예배 인도 순서

사도신경	다 같이
찬 송	82장(통 90)
기 도	회원 중
본문 말씀	삼상 1:1-18
새길 말씀	삼상 1:11
헌금 찬송	364장(통 482)
헌금 기도	회원 중
주기도문	다 같이

말씀 나누기

이스라엘의 역사에서 한나처럼 하나님의 은혜를 경험한 여인은 없을 것입니다. 한나라는 이름의 뜻은 '은혜', '은총' 또는 '자비'라는 의미입니다. 한나의 남편은 엘가나인데, 그는 레위 지파의 고핫 자손이었으며 에브라임 산지에서 살았습니다.

엘가나의 두 아내 중 하나는 남편의 사랑을 많이 받았지만 아이를 낳지 못해 브닌나의 업신여김과 괴롭힘을 받았습니다. 그때 한나는 브닌나와 다투지 않고 그 문제를 가지고 하나님 앞에 나아가 기도했습니다. 한나는 아들을 주시면 그를 나실인으로 바치겠다고 서원을 했습니다. 한나의 기도하는 모습이 술 취한 사람 같이 보였다는 것은 기도가 얼마나 간절했는지 알 수 있습니다. 결국 하나님은 한나의 기도를 들어주셔서 사무엘이라는 아들을 낳게 하셨습니다. 이스라엘의 마지막 사사를 기도로 낳은 한나에 대해 살펴보겠습니다.

1. 문제를 가지고 하나님께 기도했습니다

한나가 살고 있었던 시대는 사사시대 말기였으며 영적으로 암울하고 힘든 시대였습니다. 그때 레위 족속으로 에브라임 산지에 사는 엘가나에게 한나와 브닌나 라는 두 아내가 있었습니다. 그런데 한나에게는 자식이 없었고, 브닌나에게는 자식이 있었습니다. 고대 세계에서 이 사실은 중요한 의미를 지녔습니다. 자식을 낳지 못한 여인의 고통은 말로 표현할 수 없을 만큼 컸습니다. 엘가나는 제물을 바칠 때마다 아내인 브닌나와 그의 모든 자녀에게 제물의 분깃을 주었으나 한나에게는 두 배로 주었습니다. 비록 한나에게는 자녀가 없었지만, 엘가나는 한나를 더욱 사랑했습니다. 그러한 한나를 브닌나가 업신여기며 괴롭혔습니다. 해마다 이런 일이 반복되었습니다. 한나가 제사를 드리러 올라갈 때마다 브닌나의 괴롭힘에 한나는 울면서 제대로 먹지도 못했습니다. 그럴 때마다 엘가나는 한나를 위로하며 "한나여 어찌하여 울며 어찌하여 먹지 아니하며 어찌하여 그대의 마음이 슬프냐 내가 그대에게 열 아들보다 낫지 아니하냐"라며 말하였습니다. 그녀의 괴로움은 본문 15절에서 "나는 마음이 슬픈 여자라"는 말에서 잘 나타나 있습니다. 한나는 잉태하지 못한 괴로움에 절망하지 않고 하나님께 나아가 기도하였습니다.

"아무 것도 염려하지 말고 다만 모든 일에 기도와 간구로, 너희 구할 것을 감사함으로 하나님께 아뢰라 그리하면 모든 지각에 뛰어난 하나님의 평강이 그리스도 예수 안에서 너희 마음과 생각을 지키시리라"(빌 4:6-7)

2. 기도의 응답으로 사무엘을 주셨습니다

자식이 없어 슬픈 나날을 보냈지만 한나는 그런 문제로 브닌나와 다투거나 남편을 못살게 굴지 않았습니다. 다만 성전에 올라가서 하나님 앞에 엎드려 기도했습니다. 하나님께 괴로운 마음을 토로하면서 통곡하며 기도했습니다. 그녀는 하나님의 은총으로 자식을 얻게 되면 하나님께 바치겠다고 서원했습니다. 하나님은 그런 한나를 기억하시고 그녀에게 은총을 베풀어 주셨습니다. '은총'이라는 이름 뜻 그대로 한나는 하나님의 은총을 입어 그토록 바라던 자식을 얻을 수 있었습니다. 그 아들이 바로 '여호와께 구함'이라는 뜻의 이름을 가진 '사무엘'입니다. 성경은 "한나가 잉태하고 때가 이르매 아들을 낳아 사무엘이라 이름하였으니 이는 내가 여호와께 그를 구하였다 함이더라"(삼상 1:20)라고 기록하고 있습니다. 이처럼 기도는 반드시 하나님의 응답이 있습니다.

"그러므로 내가 너희에게 말하노니 무엇이든지 기도하고 구하는 것은 받은 줄로 믿으라 그리하면 너희에게 그대로 되리라"(막 11:24)

3. 서원한 대로 사무엘을 하나님께 바쳤습니다

어렵게 얻은 귀한 아들이었지만 한나는 하나님께 드린 서원 기도를 잊지 않았습니다. 아들 사무엘이 젖을 떼게 되자 실로에 있는 '여호와의 집'에 데리고 가서 약속대로 하나님께 바칩니다. 즉 성전에서 전적으로 하나님의 일을 하도록 제사장에게 사무엘을 맡겼습니다. 하나님께 사무엘을 바칠 때 한나는 망설이거나 슬퍼하지 않았습니다. 오히려 감격에 찬

심령으로 하나님의 구원과 주권을 기도하며 아름답게 노래했습니다(삼상 2:1-10).

기도의 어머니인 한나의 기도로 태어난 사무엘은 서원한 대로 하나님께 바쳐져 이스라엘의 사사가 되고, 선지자가 되어 나라의 기틀을 올바로 세웁니다. 달리 표현하면 하나님은 한나에게서 사무엘을 곱게 넘겨받아 그를 이스라엘의 위대한 지도자로 키우셨습니다. 그리고 하나님은 한나에게 크신 은총을 베풀어 사무엘 말고도 세 아들과 두 딸을 더 낳도록 하셨습니다. 이처럼 한나가 하나님께 서원한대로 실천하자 하나님은 한나에게 더 많은 자녀의 복을 주셨습니다.

"네가 하나님께 서원하였거든 갚기를 더디게 하지 말라 하나님은 우매한 자들을 기뻐하지 아니하시나니 서원한 것을 갚으라"(전 5:4)

말씀 실천하기
• 문제가 있으면 절망하지 않고 하나님을 신뢰하며 기도합니까?
• 하나님과 약속한 것은 반드시 지킵니까?

합심 기도하기
• 마음이 힘들고 어려울 때 낙심하지 않고 하나님께 기도하는 믿음을 주소서.
• 기도로 자녀를 양육하는 거룩한 부모 되게 하소서.

12 하나님의 마음에 합한 **다윗**

본문 말씀
삼상 17:31-49

◆ 이룰 목표
- 진정한 믿음은 하나님을 의지하고 담대하게 나아가 싸우는
  것임을 안다.
- 회개는 자신의 죄를 인정하고 하나님 앞에 돌이키는 것임을 안다.

◆ 본문 살피기
- 다윗은 이전에 어떤 경험이 있습니까?(34-36절)
- 골리앗과의 싸움에서 다윗의 무기는 무엇입니까?(40절)
- 다윗은 무엇을 가지고 골리앗과 싸우러 나간다고 선포했습니까?
  (47절)

소그룹예배 인도 순서

사도신경	다 같이
찬　　송	433장(통 490)
기　　도	회원 중
본문 말씀	삼상 17:31-49
새길 말씀	삼상 17:47
헌금 찬송	357장(통 397)
헌금 기도	회원 중
주기도문	다 같이

말씀 나누기

'사랑받은 자' 란 뜻을 가진 다윗은 고향인 베들레헴에서 양을 치는 목동이었습니다. 그는 이새의 여덟 째 아들로 이스라엘의 왕이 되었습니다. 다윗은 왕이 되기 전에 이스라엘 군대가 두려워하던 블레셋의 장수 골리앗을 물매와 돌로 쓰러뜨린 용맹한 소년이었습니다. 뿐만 아니라 시적 감각과 음악성이 뛰어났고, 악기 연주에도 탁월한 능력을 발휘하였습니다. 사도행전은 다윗을 '하나님의

마음에 합한 사람'이라고 기록하고 있습니다(행 13:22). 어떤 모습이 하나님의 마음과 합한 것인지 다윗을 통해 살펴보겠습니다.

1. 믿음의 사람이었습니다

하나님은 외모를 보시지 않고 그 중심에 있는 믿음을 보십니다. 사무엘이 이새의 집에 가서 큰 아들 엘리압을 보았을 때 하나님께서 말씀하시기를 "내가 보는 것은 사람과 같지 아니하리니 사람은 외모를 보거니와 나 여호와는 중심을 보느니라"(삼상 16:7)고 말씀하셨습니다. 그리고 이새의 여덟 번째 아들인 다윗에게 기름을 붓게 하셨습니다. 이와 같이 하나님은 언제나 사람의 믿음을 보시고 일하십니다.

히브리서 11장에서는 믿음의 선진들을 소개하시면서 "믿음이 없이는 기쁘시게 못하나니"(히11:6)라고 말씀하셨습니다. 다윗은 아버지의 심부름으로 형들이 있는 전쟁터에 갔다가 하나님을 모욕하는 블레셋의 적장 골리앗의 소리를 듣고 의분을 품고 골리앗과 싸울 때, "너는 칼과 창과 단창으로 내게 오거니와 나는 만군의 여호와의 이름으로 네게 가노라"(삼상 17:45)고 하면서 "여호와의 구원하심이 칼과 창에 있지 아니함을 이 무리로 알게 하리라 전쟁은 여호와께 속한 것인즉 그가 너희를 우리 손에 붙이시리라"(삼상 17:47)라고 선포하였습니다. 그리고 다윗은 물맷돌 5개로, 완전무장한 골리앗을 일격에 쓰러뜨렸습니다. 이처럼 하나님께 대한 다윗의 절대 믿음이 골리앗을 무너뜨리고 이스라엘에 큰 승리를 주었습니다.

"이르시되 너희 믿음이 작은 까닭이니라 진실로 너희에게 이르노니 만일 너희에게 믿음이 겨자씨 한 알 만큼만 있어도 이 산을 명하여 여기서 저기로 옮겨지라 하면 옮겨질 것이요 또 너희가 못할 것이 없으리라"(마 17:20)

2. 기도의 사람이었습니다

다윗의 역경이 시작된 것은 골리앗과의 싸움에서 승리하고 부터입니다. 이때 사람들은 사울은 천천이요 다윗은 만만이라는 노래를 불렀습니다. 그 노랫소리를 들은 사울은 다윗을 시기하게 되었고, 여러 번 죽이려고까지 했습니다. 다윗은 사무엘 선지자를 통해 기름 부음을 받은 후 이스라엘 왕이 될 것을 생각했습니다. 그러나 다윗은 십여 년 동안 사울의 칼을 피해 고난의 세월을 보내야만 했습니다. 어떤 때는 생명을 보존하기 위해 미친 사람처럼 행동하기도 하였습니다. 이 고난의 세월 동안 그는 하나님께 순간순간을 기도하면서 살아갔습니다. 다윗을 죽이려고 사울은 3천 명의 군사들을 이끌고 쫓아다녔으니 하나님께서 그를 숨겨주지 않고 지켜주지 않았다면 벌써 죽었을 것입니다. 이것을 잘 아는 다윗은 오로지 하나님만 바라보며 하나님의 약속을 붙잡고 인내하며 하나님의 때를 기다렸습니다.

"다만 이뿐 아니라 우리가 환난 중에도 즐거워하나니 이는 환난은 인내를, 인내는 연단을, 연단은 소망을 이루는 줄 앎이로다"(롬 5:3-4)

3. 회개의 사람이었습니다

다윗은 이스라엘의 왕이 되어 큰 성공을 이루었지만, 유혹에 넘어져 죄를 범하였습니다. 신하들은 전쟁터에 나가서 목숨을 걸고 싸우는데 다윗은 왕궁에서 낮잠을 잘 수 있을 정도로 여유가 있을 때 시험이 찾아왔습니다. 그 시험 앞에 다윗은 여지없이 무너지고 말았습니다. 충신이었던 우리아 장군의 아내 밧세바를 취하고 그 죄를 덮기 위해 우리아를 죽게 만들었습니다. 이 일에 대해 나단 선지자가 다윗을 찾아와 책망할 때 자신의 죄를 솔직하게 인정하고 하나님 앞에 엎드렸습니다. 회개란 자기의 죄를 인정하고 하나님 앞에 엎드리는 것입니다. "내가 주께만 범죄하였고 주의 목전에서 악을 행하였나이다"라고 고백하였습니다. 다윗은 주야로 하나님 앞에 통곡하며 침상이 젖을 정도로 회개하였습니다. 이것을 하나님은 기뻐하셨습니다. 그래서 하나님은 다윗에게 주의 성령으로 충만케 하시고, 구원의 즐거움을 회복시켜 주셨습니다. 다윗은 이스라엘의 최고의 왕임에도 불구하고 하나님 앞에서는 어린아이처럼 가슴을 치고 자신의 죄를 회개하였습니다. 이러한 다윗의 모습이 하나님으로부터 '내 마음에 합한 종이다'라는 인정을 받습니다.

"만일 우리가 우리 죄를 자백하면 그는 미쁘시고 의로우사 우리 죄를 사하시며 우리를 모든 불의에서 깨끗하게 하실 것이요"(요일 1:9)

말씀 실천하기
• 지금 하나님 앞에 나는 어떤 사람으로 평가받을 수 있습니까?
• 하나님 앞에 내 죄를 철저하게 회개하고 돌이킨 적이 있습니까?

합심 기도하기
• 다윗처럼 담대하게 나아가 승리하는 믿음을 주옵소서.
• 하나님 앞에 지은 죄를 회개하며 돌이키게 하옵소서.

13 오직 하나님 편에 선 **요나단**

본문 말씀
삼상 20:1-17

◆ 이룰 목표

- 믿음의 사람은 환경을 의지하지 않고 하나님을 의지한다.
- 진정한 사랑이 무엇인가를 안다.

◆ 본문 살피기

- 다윗은 얼마나 두려워하고 있습니까?(3절)
- 요나단은 다윗에게 어떤 부탁을 합니까?(14-15절)
- 요나단은 다윗을 얼마나 사랑하였습니까?(17절)

소그룹예배 인도 순서

사도신경	다 같이
찬 송	218장(통 369)
기 도	회원 중
본문 말씀	삼상 20:1-17
새길 말씀	삼상 20:17
헌금 찬송	92장(통 97)
헌금 기도	회원 중
주기도문	다 같이

말씀 나누기

골리앗과의 싸움에서 승리한 다윗은 인기 절정이었습니다. 사울 왕이 약속한 대로 왕의 사위가 될 수 있는 기회를 얻었습니다. 그러나 왕의 신임을 받는 것도 잠시, 사울 왕은 시기심이 극에 달해 다윗을 제거해야 할 정적(政敵) 일순위에 둡니다. 그러나 다행히 사울 왕의 아들 요나단은 다윗을 자기 생명같이 사랑하게 되었습니다(삼상 18:3). 다윗을 사랑했던 요나단은 사울 왕의 미움을 받아 위기에 처한 다윗을 도와 여러 차례 위기를 모면하게 합니다. 요나단의 신앙과 다윗과의 관계 그리고 요나단이 자기의 사명이 무엇이라 생각했는지 살펴보겠습니다.

1. 하나님을 전적으로 믿었습니다

이스라엘과 블레셋 사이에 전쟁이 있었습니다. 이스라엘은 군사 삼천 명이었지만, 블레셋은 병거가 삼만, 마병이 육천, 군사는 해변의 모래 같이 많았습니다(삼상 13:2-5). 블레셋의 대군을 본 많은 이스라엘 사람들이 숨거나 도망가 육백여 명이 남아 있었고, 블레셋은 삼 대로 나누어 공격을 감행합니다. 이스라엘에는 사울과 요나단 외에는 칼이나 창이 없었다고 합니다. 칼도 창도 없는 군대, 말이 군대지 군인이라 할 수 없는 사람들이 모였습니다. 수적으로나 전력으로나 이스라엘은 블레셋의 상대가 되지 않았습니다.

이때 요나단은 자신의 병기 가진 자와 같이 블레셋 진영으로 들어갑니다. 길목에 험한 바위가 있었고, 이스라엘과 비교될 수 없는 블레셋의 전력에도 불구하고 그는 두려워하지 않았습니다. 블레셋 진영에 들어간 요나단은 순식간에 20여 명을 죽임으로 블레셋 사람들이 두려워 떨며 혼란에 빠졌고, 이 상황을 지켜본 사울이 군대를 이끌고 공격하여 승리를 거둡니다(삼상 14:13-23). 요나단은 할례받지 않은 자들이 하나님의 백성을 이길 수 없다는 확신이 있었고, 하나님의 구원은 사람의 많고 적음에 있는 것이 아니라 오직 하나님을 얼마나 의지하느냐에 달려 있음을 알았습니다(삼상 14:6).

"여호와는 나의 힘이요 노래시며 나의 구원이시로다 그는 나의 하나님이시니 내가 그를 찬송할 것이요 내 아버지의 하나님이시니 내가 그를 높이리로다"(출 15:2)

2. 다윗을 목숨같이 사랑했습니다

요나단은 다윗이 골리앗과 싸워 승리한 후, 사울 왕에게 전하는 승리의 소식을 듣는 순간 다윗을 사랑하는 마음이 불일 듯 일어납니다(삼상 18:1). 하나님을 사랑하는 사람이 하나님을 사랑하는 사람을 만나면 자연스레 사랑하는 마음이 일어납니다.

요나단은 사울 왕의 시기(猜忌)로 위협을 당하는 다윗을 보호하려고 최선을 다합니다. 그가 다윗을 보호할 의무는 없습니다. 자신은 왕자요, 다윗보다 나이도 많고(삼하 1:26 참조), 용맹하며, 왕이 되기에 손색이 없었습니다. 하지만 왕이 될 수 있는 권리까지 포기하며 맹세하며 다윗을 보호합니다(12–13절). 요나단은 다윗을 자기 목숨같이 사랑했습니다(17절). 요나단은 다윗을 변호하다 아버지의 창에 맞아 죽을 뻔했고, 어떤 때는 너무 슬픈 나머지 식음을 전폐하기도 합니다(삼상 20:33–34). 이런 요나단의 모습에서 우리를 사랑하시기에 하나님과 동등 됨을 내려놓고 십자가를 지신 예수님의 사랑이 보입니다(빌 2:5–8).

"너는 나를 도장 같이 마음에 품고 도장 같이 팔에 두라 사랑은 죽음 같이 강하고 질투는 스올 같이 잔인하며 불길 같이 일어나니 그 기세가 여호와의 불과 같으니라"(아 8:6)

3. 하나님의 뜻에 순종했습니다

다윗은 사울의 시기심으로 몹시 두려웠습니다. 그래서 요나단에게 "나와 죽음 사이는 한 걸음뿐이라"며 도움을 청했습니다. 다윗은 도움을 받는 쪽입니다. 그런데 요나단은 '만일 내가 잘못해서 다윗에게 해가 임하면 여호와께서 내게 벌을 내리시기를 원한다'라며, '네가 사는 날 동안 여호와의 인자하심을 내게 베풀어주고 하나님께서 너의 대적들을 다 처벌하신 후에라도 내 가족들을 끝까지 지켜 달라'고 요청합니다(13-16절). 주객이 바뀌었습니다. 요나단은 장차 다윗이 왕이 될 것을 알고 있었기 때문입니다. 요나단은 왕이 될 수 있는 자격이 있었지만, 하나님의 뜻에 순종해서 다윗을 왕으로 세우기 위해 권리도 내려놓고 다윗을 보호하려 노력했습니다. 하나님의 백성은 이처럼 자신의 유익이 아니라, 하나님의 뜻에 따라 행동합니다.

"삼가 말씀에 주의하는 자는 좋은 것을 얻나니 여호와를 의지하는 자는 복이 있느니라"(잠 16:20)

말씀 실천하기
• 어떤 상황 속에서도 하나님을 신뢰하고 의지하겠습니까?
• 나보다 다른 사람을 인정하고 높이겠습니까?

합심 기도하기
• 주님의 사랑으로 사랑하는 사람이 되게 하소서.
• 다른 사람을 인정하고 높이는 사람이 되게 하소서.

14 목숨 걸고 다윗을 도운 **후새**

본문 말씀
삼하 15:30-37

◆ 이룰 목표

- 어떤 선택이 옳은 길인가를 안다.
- 진정한 충성이 무엇인가를 안다.

◆ 본문 살피기

- 압살롬을 피해 도망가는 다윗의 모습은 어땠습니까?(30절)
- 다윗은 아히도벨이 압살롬 편에 가담한 것을 왜 두려워했습니까?
  (31, 34절)
- 후새는 다윗에게 어떻게 나아왔습니까?(32절)

소그룹예배 인도 순서	
사도신경	다 같이
찬 송	341장(통 367)
기 도	회원 중
본문 말씀	삼하 15:30-37
새길 말씀	삼하 15:37
헌금 찬송	595장(통 372)
헌금 기도	회원 중
주기도문	다 같이

말씀 나누기

압살롬은 누이 다말을 범한 이복형 암논을 죽인 것으로 인해 아버지 다윗의 사랑을 받지 못했습니다. 이로 인해 아버지에 대한 반감이 컸고, 결국 왕위를 탈취하기로 마음을 굳힙니다. 사람들의 마음을 도둑질하고, 헤브론에서 왕이 되고자 했습니다. 다윗 왕의 참모 중 한 사람인 아히도벨이 압살롬 편에 섰고, 그동안 압살롬에게 마음을 도적질 당한 불만 세력이 합세하여 다윗 왕을 위협했습니다.

급히 도망가는 다윗에게 다윗 왕의 친구이자 참모인 후새가 등장하여 다윗을 도와 전세(戰勢)를 역전시킵니다. 후새의 바른 선택과 충성 된 모습을 살펴보겠습니다.

1. 옳은 길을 택했습니다

압살롬은 반역을 도모하기 위해 사 년 동안 치밀하게 준비했습니다. 때가 되자 자신이 왕이 됨을 모든 지파에 알리기 시작했고, 아버지 다윗의 측근까지 자기편으로 끌어들이면서 반역의 규모는 점점 커졌습니다(삼하 15:1-12).

다윗은 아들의 반역과 민심이 압살롬에게로 돌아섰다는 소식을 듣고 급히 도망갑니다. 그가 울며 맨발로 감람산을 올라갈 때에 자신이 아끼던 참모인 아히도벨이 압살롬 편에 섰다는 소식을 듣고 크게 두려워했습니다. 왜냐하면 아히도벨은 다윗이 아내로 맞아들인 밧세바의 조부이었지만 그가 다윗에게 악감정을 품고 돌아섰다는 것을 알았기 때문입니다(삼하 11:3, 23:34).

이때 아렉 사람 후새가 옷을 찢고 흙을 머리에 덮어쓰고 다윗을 맞으러 나옵니다. 다윗의 비통한 마음을 함께 하고자 하는 모습이었습니다. 대부분 사람은 손익을 따져 대세를 따르지만, 후새는 하나님이 기름 부어 세운 왕을 따르는 것이 옳다고 여겼기 때문에 다윗을 따랐습니다. 하나님의 사람은 눈에 보이는 유익이 아니라 하나님의 뜻에 순종하는 선택을 해야 합니다.

"좁은 문으로 들어가라 멸망으로 인도하는 문은 크고 그 길이 넓어 그리로 들어가는 자가 많고"(마 7:13)

2. 다윗을 위하여 목숨을 버렸습니다

다윗은 후새에게 압살롬에게로 들어가 아히도벨의 모략을 무산시키라고 합니다(34절). 압살롬은 후새가 다윗의 절친한 친구라는 사실을 알고 있었습니다. 그렇기에 후새를 받아들인다는 보장이 없습니다. 만일 후새가 첩자임을 알면 죽을 수 있지만, 후새는 다윗의 말에 순종하여 예루살렘으로 들어갑니다. 후새는 압살롬에게 나아가서 '여호와와 이스라엘이 택한 자와 함께 있을 것이고, 내가 전에 왕의 아버지를 섬긴 것 같이 이제는 왕을 섬기겠다' 라고 거짓된 고백으로 압살롬을 속입니다(삼하 16:15-19).

압살롬은 한 사람이 아쉬울 때 자기를 찾아온 후새를 거절할 이유가 없습니다. 후새의 전향이 의심되는 점이 있었겠지만, 그의 단호한 말과 칭찬이 압살롬의 눈을 가렸습니다. 하나님이 목숨을 아끼지 않고 충성한 후새를 지키셨습니다.

"누구든지 제 목숨을 구원하고자 하면 잃을 것이요 누구든지 나를 위하여 제 목숨을 잃으면 찾으리라"(마 16:25)

3. 압살롬이 후새의 계략을 채택합니다

아히도벨의 계략은 압살롬과 이스라엘 장로들이 옳게 여길 정도로 상황을 정확하게 파악한 제안이었습니다. 정확하기는 하지만 무엇인가 마음에 들지 않습니다. 그래서 압살롬은 후새의 계략도 들어보자고 합니다(삼하 17:1-5).

후새는 다윗 왕은 그렇게 호락호락한 사람이 아니기에 자칫 잘못하면 패배하고 낭패를 당할 수 있음을 강조합니다(삼하 17:7-13). 후새가 다윗을 보호할 목적으로 다른 전략을 제안한 것입니다. 왜냐하면 아히도벨의 계략대로 하면 다윗 왕이 죽게 되기 때문에 다윗이 피할 수 있는 시간을 주기 위한 계획이었습니다.

압살롬과 온 이스라엘 사람이 후새의 계략이 아히도벨의 계략보다 낫다며 후새의 계략을 택합니다. 이것은 여호와께서 압살롬에게 재난을 당하게 하시려고 아히도벨의 좋은 계략을 좌절시키기로 작정하셨기 때문이었습니다(삼하 17:14).

"만군의 여호와께서 맹세하여 이르시되 내가 생각한 것이 반드시 되며 내가 경영한 것을 반드시 이루리라"(사 14:24)

말씀 실천하기
* 나에게 유익이 되는 길보다 하나님이 원하시는 길을 가겠습니까?
* 손해가 있더라도 친구를 사랑하겠습니까?

합심 기도하기
* 하나님이 원하시는 길을 가게 하소서.
* 주님과 친구를 위하여 목숨을 버리는 삶을 살게 하소서.

15 보상을 바라지 않는 **바르실래**

본문 말씀

삼하 19:31-39
(삼하 17:27-29)

◆ 이룰 목표

- 진정한 섬김이 무엇인지 안다.
- 보상을 바라지 않고 사랑하며 섬긴다.

◆ 본문 살피기

- 바르실래는 다윗 왕을 언제 공궤했습니까?(32절)
- 다윗은 바르실래에게 어떤 제안을 했습니까?(33절)
- 바르실래는 다윗에게 어떻게 답했습니까?(34-37절)

소그룹예배 인도 순서

사도신경 다 같이
찬　　송 325장(통 359)
기　　도 회원 중
본문 말씀 삼하 19:31-39
　　　　　　(삼하 17:27-29)
새길 말씀 삼하 19:36
헌금 찬송 213장(통 347)
헌금 기도 회원 중
주기도문 다 같이

말씀 나누기

압살롬의 반역의 소식을 들은 다윗은 급히 다윗성을 피해 감람산을 오르며 머리를 가리고 맨발로 울며 떠납니다. 중도에 시므이의 저주와 횡포를 감당하며 요단강을 건너 동북쪽 마하나임으로 피신합니다. 아들의 반역으로 비통한 심정일 뿐 아니라 갑작스런 피신으로 하루하루 생활이 곤고했습니다.

이때 길르앗 사람 바르실래가 다윗에게 찾아와 다윗과 그의 일행 600여 명의 필요를 공급합니다. 바르실래는 다윗이 가장 필요할 때 충분한 물품을 아낌없이 제공했지만 대가를 바라지 않았습니다. 바르실래의 섬김과 어떻게 사명을 감당했는지 살펴보겠습니다.

1. 다윗 왕이 곤고한 때에 도왔습니다

다윗은 압살롬의 반역 소식을 듣고 그를 따르던 사람들과 함께 황급하게 도망을 나옵니다(삼하 15:14). 슬프고 비통함을 감추지 못한 채 감람산을 오릅니다. 그때 자신의 참모였던 아히도벨이 압살롬에게 가담했다는 소식을 듣습니다. 바후림에 이르렀을 때는 사울의 일가인 시므이가 다윗을 저주합니다. 다윗의 비참함은 극에 달했습니다. 다윗 일행은 압살롬의 공격에 대비하여 황급히 마하나임으로 피신했습니다.

이때 로글림 길르앗 사람 바르실래가 다윗을 돕습니다. 바르실래는 압살롬이 대권을 잡게 된다면 자신은 물론 가족까지 위험에 처할 수 있음을 알고 있습니다. 그럼에도 불구하고 그는 침상과 대야 등 생활필수품과 음식으로 다윗 일행을 섬깁니다. 생활필수품을 챙겼다는 것은 다윗 일행의 곤고함과 필요를 알고 있었음을 보여줍니다. '맞춤 서비스' 이것이 바르실래가 보여준 섬김이었습니다.

보통 사람들은 자기의 것을 나누는 데 인색합니다. 그러나 바르실래는 자신의 것을 아낌없이 나누었습니다. 이 나눔이 곤경에 처한 다윗이 재기할 수 있도록 용기를 주었습니다.

"충성된 사자는 그를 보낸 이에게 마치 추수하는 날에 얼음냉수 같아서 능히 그 주인의 마음을 시원하게 하느니라"(잠 25:13)

2. 보상을 바라지 않았습니다

압살롬이 죽어 반역이 끝나고 다윗 왕이 예루살렘으로 돌아가고자 요단을 건너려 할 때, 바르실래는 왕을 돕고자 요단으로 나왔습니다(삼하 19:31, 36). 다윗은 충성스런 바르실래를 곁에 두고 싶어 함께 예루살렘으로 가자고 제안하며 충분한 보상을 약속합니다. 그러나 바르실래는 재물과 명예를 동시에 얻을 수 있는 기회가 왔지만 자기는 나이가 많아 왕에게 유익이 되기보다 누를 끼칠 수 있다며 정중히 사양합니다. 마지막까지 왕에게 도움이 될지언정 누가 되고 싶지 않았습니다.

사랑은 주고받는 것이라고 하며 받는 것이 없이는 지속되기 힘들다고 합니다. 또한 대부분의 섬김은 계산적입니다. 다윗이 도망할 때 므비보셋의 종 시바는 다윗과 그 일행을 섬겼지만, 그것은 주인의 재산을 가로채려는 거짓된 섬김이었습니다(삼하 19:24-30 참조). 그러나 바르실래는 계산하지 않은 섬김, 오직 상대방을 위한 진실한 섬김이었습니다.

"이와 같이 너희도 명령 받은 것을 다 행한 후에 이르기를 우리는 무익한 종이라 우리가 하여야 할 일을 한 것뿐이라 할지니라"(눅 17:10)

3. 대를 이어 복을 받습니다

바르실래는 자신은 왕에게 전혀 도움이 되지 않는다며 김함을 천거합니다. 김함은 바르실래의 아들이었습니다(왕하 2:7). 바르실래는 단지 아들이 왕의 총애를 입고 명예를 얻도록 하기 위함이 아니었습니다. 자신은 왕에게 누를 끼칠 것 같다며 왕에게 유익이 될 만한 사람이라면 왕의 종 김함을 데려가 달라 청합니다(삼하 19:37). 아들을 '왕의 종'이라 한 것은 왕에게 도움이 될 충성스러운 일꾼이라는 의미입니다.

대를 이어 왕에게 충성하려는 바르실래를 하나님께서 외면하지 않으십니다. 다윗은 그가 세상을 떠나기 전에 솔로몬에게 주변의 사람들을 어떻게 예우할 것인지 당부했습니다. 다윗은 멋대로 살았던 요압과 자신을 저주했던 시므이를 평안히 스올로 내려가지 못하게 하라고 합니다. 하지만 마지막까지 자신에게 유익이 되고자 했던 바르실래를 기억하고 그의 아들들에게는 마땅히 은총을 베풀라고 유언합니다(왕상 2:5-9).

성경은 하나님을 사랑하고 계명을 지키는 사람은 자손까지 복을 주시겠다고 약속하셨습니다(출 20:6).

"너는 네 떡을 물 위에 던져라 여러 날 후에 도로 찾으리라"(전 11:1)

말씀 실천하기
• 주변에 있는 어려운 이웃의 필요를 따라 도움을 주겠습니까?
• 대가를 바라지 않고 이웃을 섬기겠습니까?

합심 기도하기
• 이웃이 어려움을 당했을 때 보상을 바라지 않고 섬기게 하소서.
• 순종의 삶으로 하나님의 복을 받는 가정이 되게 하소서.

16 듣는 마음을 구한 솔로몬

본문 말씀
왕상 3:3-14

◆ 이룰 목표

- 사랑은 말이 아니라 행동임을 안다.
- 달란트는 오직 하나님의 영광을 위해 주신 것임을 안다.

◆ 본문 살피기

- 솔로몬은 어떤 사람입니까?(3절)
- 솔로몬이 구한 것은 무엇입니까?(8-9절)
- 하나님은 솔로몬에게 무엇을 주시겠다고 하셨습니까?(12-13절)

소그룹예배 인도 순서

사도신경	다 같이
찬 송	375장(통 421)
기 도	회원중
본문 말씀	왕상 3:3-14
새길 말씀	왕상 3:9
헌금 찬송	446장(통 500)
헌금 기도	회원중
주기도문	다 같이

말씀 나누기

다윗에게는 여러 아내가 있었습니다. 솔로몬의 어머니 밧세바는 서열로 보면 7번째이며, 솔로몬은 형제들 중에 10번째 아들입니다. 고대왕국에서는 맏아들을 왕으로 세우는 것이 통례였기에 솔로몬이 왕위에 오를 확률은 거의 없습니다.

아도니야가 반역을 일으킨 것도 서열상으로 둘째 길르압이나 넷째인 자기가 왕이 될 것이라고 생각했는데, 아버지 다윗 왕의 마음이 자신에게 관심이 없음을 보았기 때문이었습니다. 아도니야의 반역은 솔로몬에게 위기였습니다. 나단 선지자의 지혜롭고 발 빠른 대처가 아니었다면 솔로몬은 왕이 될 수 없었습니다(왕상 1:38-39).

왕정 초기 솔로몬의 순수한 모습을 통해 그의 신앙과 사명을 어떻게 감당했는지 살펴보겠습니다.

1. 일천 번제를 드렸습니다

솔로몬은 갑작스럽게 왕의 자리에 올랐지만, 하나님을 사랑하고 다윗의 법도를 행하는 사람이었습니다(3절). 그는 먼저 하나님 앞에 일천 번제를 드려 영광을 돌립니다. 자기를 과시하기 위한 것이 아니라 하나님을 사랑했기 때문이었습니다. 사랑의 특징은 자기의 모든 것을 주고 또 주고자 합니다.

사랑하는 사람은 말만 하지 않고 아낌없이 나눠줍니다. 앞서 공부한 요나단, 후새, 바르실래는 사랑을 행동으로 보여준 사람들입니다.

하나님은 여전히 죄 가운데 있는 우리를 구원하시기 위해 독생자 예수님을 십자가에 내어주심으로 사랑을 확증해 주셨습니다(롬 5:8). 하나님의 사랑을 아는 사람은 위협에도 불구하고 사람의 말보다 하나님의 말씀 듣기를 선택했으며, 자기의 소유를 아끼지 않고 이웃을 위해 내놓았으며(행 4:19, 32), 때로는 목숨까지도 내어놓기를 주저하지 않습니다(행 5:41, 7:59).

"자녀들아 우리가 말과 혀로만 사랑하지 말고 행함과 진실함으로 하자"(요일 3:18)

2. 겸손했습니다

사람들은 대부분 부모의 은덕보다 자기가 잘해서 성공한 줄 압니다. 그러나 솔로몬은 아버지 다윗이 '성실과 공의와 정직한 마음으로 주와 함께 주 앞에서 행했다' 라고 공덕을 기립니다. 성실, 공의, 정직은 하나님의 대표적인 성품입니다. 이는 다윗이 하나님의 마음에 합한 자라는 평가와 같다 할 수 있습니다(행 13:22). 아들로서 아버지를 높이 평가할 수 있지만 정확하게 평가하기는 쉽지 않습니다. 특히 '그 큰 은혜를 항상 주셔서 그 아들인 자기를 왕으로 세우기까지 하셨다' 라는 고백은 왕이 된 것은 자신이 잘나서가 아니라 아버지 때문에 하나님의 은혜를 입었다는 고백입니다(6절). 은혜를 아는 것이 겸손이고, 은혜 모르는 것이 교만입니다.

솔로몬은 왕위를 받았지만, 아직 부족한 점이 많으며 백성을 다스려야 할 왕으로서 어떻게 처신해야 할지 잘 모른다고 합니다(7절). 교만한 사람은 자신이 부족을 감추려고 하지만, 겸손한 사람은 자신의 부족함을 인정하고 배우려고 합니다.

"사람의 마음의 교만은 멸망의 선봉이요 겸손은 존귀의 길잡이니라"(잠 18:12)

3. 듣는 마음을 구했습니다

당시 이스라엘에서는 중요한 문제들을 왕이 직접 재판했습니다. 하나님을 사랑했던 솔로몬은 아버지 다윗이 재판하는 과정을 눈여겨보았습니다. 옳고 그름을 판단하는 것이 얼마나 어려운 일인지 알았습니다. 어느 한쪽의 말이라도 잘못 들으면 억울한 일이 발생할 수 있다는 사실을 알았습니다. 그래서 바른 재판을 위해 선악을 분별할 수 있도록 듣는 마음을 구합니다(9절). 하나님께서는 솔로몬의 이런 마음을 기뻐하셨습니다(11절).

교만한 사람은 다른 사람의 말을 잘 들으려 하지 않습니다. 상대방의 이야기를 듣지 않으려는 것은 그를 무시하는 태도요, 들으려 귀를 기울이는 것은 상대방의 인격을 존중하는 태도입니다. 솔로몬은 왕이 되었지만, 백성들의 인격을 존중했기 때문에 듣는 마음을 구했습니다. 듣는 마음을 구한 것 자체가 이미 지혜입니다. 솔로몬은 지혜로운 재판으로 명성을 떨쳤고, 시바 여왕은 그의 지혜로 인해 하나님께 영광을 돌렸습니다(왕상 10:9).

"지혜를 얻는 것이 금을 얻는 것보다 얼마나 나은고 명철을 얻는 것이 은을 얻는 것보다 더욱 나으니라"(잠 16:16)

말씀 실천하기
- 하나님을 사랑하는 나는 어떻게 사랑을 실천하시겠습니까?
- 듣는 마음의 중요성을 알고 듣는 마음을 구하겠습니까?

합심 기도하기
- 말로만 사랑하지 말고 실천하게 하소서.
- 듣는 마음을 주셔서 좋은 인간관계를 만들어 가게 하소서.

믿음이 없이는 하나님을 기쁘시게 못하나니
하나님께 나아가는 자는 반드시 그가 계신 것과
또한 그가 자기를 찾는 자들에게 상 주시는이심을
믿어야 할지니라

  - 히 11:6

하나님나라 백성들의 영성 – 사역편

바이블 루트

3

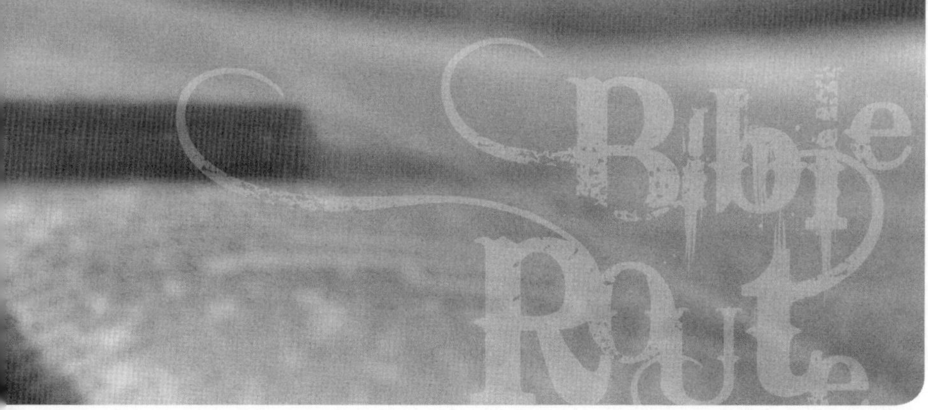

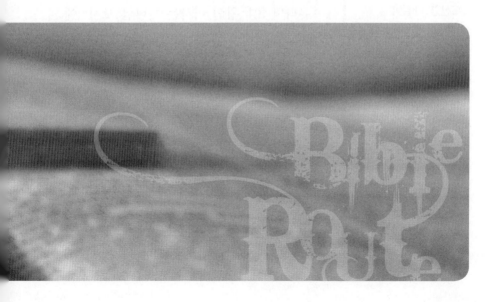

17 개혁의 선두주자 **아사 왕**

◆ 이룰 목표

- 하나님이 함께 하심이 얼마나 중요한가를 안다.
- 하나님은 죄에 대해 단호하심을 안다.

◆ 본문 살피기

- 하나님은 언제 함께 하신다 하십니까?(2절)
- 아사 왕은 선지자 오뎃의 말을 듣고 어떤 일을 했습니까?(8절)
- 아사 왕은 우상을 만든 어머니에 대해 어떤 조치를 취했습니까?(16절)

말씀 나누기

　유다의 3대 왕인 아사는 하나님 보시기에 선하고 정직하게 행했습니다. 그는 우상을 없애고 백성들이 하나님의 말씀대로 행하도록 했습니다. 구스(애굽) 사람 세라가 군사 백만을 동원해 공격해 왔을 때, 아사 왕이 '사람이 주를 이기지 못하게 해 달라'고 기도하자 하나님께서 적들을 치심으로 이기게 하셨습니다(대하 14:9-12).

　아사 왕은 하나님을 의지했고, 하나님께 인정받는 사람이었습니다. 그러나 마지막에 하나님을 떠납니다. 하나님의 사람으로서 아사 왕의 신앙과 왕의 사명을 어떻게 감당했는지, 또 그가 어떻게 무너졌는가를 살펴보겠습니다.

1. 하나님의 말씀에 순종했습니다

아사 왕은 즉위 초, 우상을 파괴하고 백성들에게 하나님의 명령에 따르도록 했습니다(대하 14:2-5). 아사 왕이 구스 사람 세라와의 전쟁에서 승리했습니다. 수적 열세임에도 승리한 것은 하나님께서 기도에 응답하셨기 때문입니다(대하 14:11). 대승을 거둔 아사 왕은 승리의 기쁨에 들떠 있을 수 있었으나 아사랴를 통해 하나님의 말씀에 순종할 것을 촉구하는 경고를 듣습니다. 아사랴가 아사 왕에게 '너희가 여호와와 함께 하면 여호와께서 너희와 함께 하시고 너희가 만일 그를 찾으면 그가 너희를 만나주시지만 너희가 만일 그를 버리면 그도 너희를 버리실 것이며, 평안이 없고 큰 고통이 따를 것'이라 합니다(2-6절).

이는 아사 왕이 전쟁에서 승리했지만, 하나님이 보실 때 아직도 백성들이 죄 가운데 있었기 때문입니다. 아사 왕의 기도와 순종만으로는 민족 전체의 부흥이 올 수 없었습니다. 민족적인 회개가 있어야 했습니다. 그래서 아사랴를 통해 마음을 강하게 하여 개혁을 단행하라고 촉구하십니다.

"내 이름으로 일컫는 내 백성이 그들의 악한 길에서 떠나 스스로 낮추고 기도하여 내 얼굴을 찾으면 내가 하늘에서 듣고 그들의 죄를 사하고 그들의 땅을 고칠지라"(대하 7:14)

2. 단호하게 개혁했습니다

아사 왕은 담대하게 온 유다에 있는 우상들을 찾아 없애기 시작합니다. 백성들을 예루살렘으로 모으고 예배를 드리며 마음을 다하고 목숨을 다하여 하나님을 찾기로 언약합니다(대하 15:12). 만일 하나님을 찾지 않는 자가 있으면 죽이기로 맹세합니다.

그때 아사 왕의 어머니인 마아가가 아세라 목상을 만들었습니다. 이를 알게 된 아사 왕은 당장에 태후의 자리를 폐하고 우상을 부수고 빻아 기드론 시냇가에서 불살랐습니다(대하 15:16). 가장 다루기 힘든 죄는 측근의 죄입니다. 특히 어머니를 정죄하는 일은 보통 결단으로는 어려운 일입니다. 태후의 죄를 물어 일벌백계(一罰百戒)로 다스린 아사 왕의 의지는 모든 백성이 감히 우상을 만들 생각조차 못 하게 했습니다. 이는 아사 왕의 개혁 의지가 얼마나 강했는가를 보여줍니다.

"악은 어떤 모양이라도 버리라"(살전 5:22)

3. 말년에 하나님을 버렸습니다

아사 왕 제36년에 북이스라엘이 국경에 접한 지역에 성을 건축함으로 남북 간 긴장이 고조되었습니다. 이 문제를 해결하기 위해 아사 왕은 아람 왕에게 은금을 보내며 도움을 요청합니다. 아람 왕의 도움으로 이스라엘이 라마 건축을 포기하자 아사 왕은 라마를 공격하여 건축자재들을 빼앗아왔습니다(대하 16:1-6).

이 일로 인해 하나님께서 선지자 하나니를 보내 하나님이 아니라 아람 왕을 의지했기 때문에 아람 왕의 군대가 왕의 손에서 벗어났다고 선포하고, 하나님은 온 땅을 두루 감찰하셔서 전심으로 자기에게 향하는 자들에게 능력을 베푸시는 분인데 왕이 망령되이 행했다고 책망합니다. 아사 왕은 크게 화를 내며 바른말을 한 선지자를 옥에 가두었습니다(대하 16:7-10). 아사 왕은 마지막에 발에 병이 들어 위독했지만 끝내 하나님을 의지하지 않았습니다.

시작은 잘했는데 마지막에 하나님보다 사람을 의지했습니다. 누구든 잘못된 길에 들어설 수 있습니다. 그러나 잘못을 지적받았을 때 어떻게 반응하느냐가 중요합니다. 다윗은 잘못을 지적받았을 때 돌아섰지만, 아사 왕은 돌이키지 않았습니다. 잘못을 몰라서가 아니라, 교만했기 때문입니다(잠 13:1).

"너희가 이같이 어리석으냐 성령으로 시작하였다가 이제는 육체로 마치겠느냐"(갈 3:3)

말씀 실천하기
- 날마다 자신을 돌아보아 성결하게 살도록 하시겠습니까?
- 잘못을 지적받았을 때 인정하고 받아들이겠습니까?

합심 기도하기
- 생의 마지막 순간까지 죄를 짓지 말고 성결하게 살게 하소서.
- 잘못을 지적받을 때 인정하고 바로 잡게 하소서.

18 오직 주만 바라본 여호사밧

본문 말씀
대하 20:1-23

◆ 이룰 목표
- 나의 주인이 누구인지를 안다.
- 하나님의 약속에 근거한 기도의 중요성을 안다.

◆ 본문 살피기
- 유다를 공격한 사람들은 어떤 사람들이었습니까?(1-2절)
- 여호사밧은 하나님께 어떻게 기도했습니까?(6-12절)
- 하나님은 어떻게 응답하셨습니까?(15-17절)

소그룹예배 인도 순서

사도신경	다 같이
찬　　송	313장(통 352)
기　　도	회원 중
본문 말씀	대하 20:1-23
새길 말씀	대하 20:6
헌금 찬송	321장(통 351)
헌금 기도	회원 중
주기도문	다 같이

말씀 나누기

여호사밧은 다윗의 길로 행한 왕입니다. 하나님께서 여호사밧으로 인하여 그 땅에 평화를 주셔서 주변 나라들이 넘보지 못하게 하셨습니다(대하 17:3, 10). 그러나 그는 북이스라엘의 아합 가문과 정략결혼을 하고, 아합과 연합하여 아람과의 전쟁에 나갑니다. 하나님은 선지자를 보내 경고하지만 듣지 않고 전쟁에 나갔다가 겨우 목숨을 건지고 예루살렘으로 돌아옵니다.

하나님을 떠나 자기 생각대로 행동하다가

뼈아픈 경험을 한 여호사밧은 모압 연합군의 침략을 받았을 때 하나님 앞에 나아가 기도합니다. 하나님께서 그 기도를 들으시고 승리하게 하셨습니다. 여호사밧의 하나님 중심의 신앙과 그가 어떻게 사명을 감당했는가를 살펴보겠습니다.

1. 문제를 가지고 하나님께 나갔습니다

세 개의 부족이 연합하여 유다를 공격하려 한다는 소식을 들은 여호사밧은 두려워 하나님께 도움을 구하려고 백성들에게 금식을 선포합니다. 금식을 선포한 것은 사무엘 이후 처음 있는 일입니다. 이는 전적으로 하나님의 도우심을 갈망하는 태도입니다. 이때 그들의 아내들과 어린 자녀들까지 모두 모였습니다(13절).

여호사밧은 평소에 레위 사람들과 제사장들을 세워 백성들에게 율법을 가르쳤고, 그 땅에서 우상들을 없앴습니다(대하 17:7-9, 19:3). 이런 행위는 여호와 하나님이 이스라엘의 왕이시며 주(主)이심을 보여줍니다. 그래서 어려운 문제를 만나자 하나님 앞에 가지고 갔습니다.

문제를 만났을 때 그 문제를 어떻게 처리하느냐 하는 것은 경험이나 지혜의 문제가 아니라 자신의 주인이 누구인가의 문제입니다. 주인이 해결해야 할 문제를 자신의 지혜와 능력으로 해결하려고 한다면, 이는 주인 행세를 하는 것으로 그 결과에 대한 책임도 져야 합니다. 그러나 주인이 해결해야 할 문제를 주인에게 보고하여 주인이 해결하게 한다면 그 결과는 주인이 책임집니다. 자신이 주인인 사람은 자신이 문제를 해결하려 하고, 우상이 주인인 사람은 우상에게 구하겠지만, 하나님이 주인인 사람은 하나님께 맡기고 기도합니다.

"내 사랑하는 자들아 너희가 친히 원수를 갚지 말고 하나님의 진노하심에

맡기라 기록되었으되 원수 갚는 것이 내게 있으니 내가 갚으리라고 주께서 말씀하시니라"(롬 12:19)

2. 약속을 붙들고 기도했습니다

여호사밧은 먼저 '하나님은 천지의 주관자이시며, 이 땅을 우리에게 주신 분이다'라고 고백합니다(6-7절). 이어서 주의 이름이 이 성전에 있으니 어떤 문제라도 이 성전 앞에서 부르짖으면 해결해주시고 구원하시겠다는 약속을 붙들고 기도합니다(9절, 대하 7:15-16 참조). 마지막으로 적의 악함을 고발하고, 자신들의 연약함을 고백하며 도움을 구합니다. "이 큰 무리를 우리가 대적할 능력이 없고 어떻게 할 줄도 알지 못하옵고 오직 주만 바라봅니다"(12절)

하나님께서 전능하신 분이라 해도 구원에 대한 약속이 없다면 믿고 기도할 수 없습니다. 하나님은 성경을 통해 자신을 알리셨고, 약속으로 믿는 사람들의 삶을 보장하셨습니다. 기도하지 않으면 그 약속은 우리와 무관합니다. 그러므로 약속을 믿고 기도해야 합니다.

"주 여호와께서 이같이 말씀하셨느니라 그래도 이스라엘 족속이 이같이 자기들에게 이루어주기를 내게 구하여야 할지라"(겔 36:37)

3. 말씀에 순종하여 승리했습니다

하나님은 여호사밧의 기도에 응답하셨습니다. 전쟁은 하나님께 달려 있으니 두려워하지 말고 대열을 갖추고 그들을 만나러 나가되 가만히 하나님이 행하시는 구원을 보라 하십니다(15-17절). 준비는 하되 승패는 하나님께 달려 있다는 말입니다. 응답을 들은 여호사밧은 백성들에게 '하나님을 신뢰하면 견고하고 선지자를 신뢰하면 형통할 것이라'고 격려하며 군대 앞에 노래하는 사람들을 세워 하나님을 찬양하게 합니다(20-21절).

전쟁에 군인이 아니라 찬양단을 앞세우는 일은 하나님의 약속을 믿지 않고는 불가능한 일입니다. 이런 일은, 믿지 않는 사람들은 이해할 수 없는 일입니다(고전 2:14). 찬양을 시작할 때에 하나님께서 숨겨두신 복병들이 나와 적을 모두 섬멸합니다(22-23절). 전쟁의 승리는 우리가 얼마나 지혜로운가, 얼마나 많은 무기를 갖추었느냐에 있지 않고, 어떻게 하나님께 나아가느냐에 달려 있습니다. 하나님은 하나님을 믿고 의지하며 말씀에 순종하는 사람을 통해, 자신을 드러냄으로 모든 사람이 하나님께 돌아오기를 원하십니다(대하 20:29).

"네 길을 여호와께 맡기라 그를 의지하면 그가 이루시고"(시 37:5)

말씀 실천하기
• 어려운 문제를 만났을 때 어떻게 하시겠습니까?
• 나의 삶에서 하나님을 어떻게 드러내겠습니까?

합심 기도하기
• 어려운 문제를 만나면, 하나님의 약속을 붙들고 기도하게 하소서.
• 하나님을 드러내기 위해 하나님을 믿고 순종하게 하소서.

19 믿음의 지도자 **히스기야**

본문 말씀

대하 29:1-11
(대하 32:20, 24)

◆ 이룰 목표

- 세속화된 삶에서 나오는 길은 오직 예배의 회복임을 안다.
- 회개와 기도를 통해 영적으로 깨어있는 삶을 살도록 한다.

◆ 본문 살피기

- 히스기야는 남유다를 몇 년이나 다스렸습니까?(1절)
- 히스기야는 여호와 보시기에 어떻게 행한 사람이었습니까?(2절)
- 히스기야는 전쟁의 어려움과 병이 들었을 때 무엇을 했습니까?
  (32장 20, 24절)

소그룹예배 인도 순서

사도신경 다 같이
찬　송 540장(통 219)
기　도 회원 중
본문 말씀 대하 29:1-11
　　　　　 (대하 32:20, 24)
새길 말씀 대하 29:2
헌금 찬송 543장(통 342)
헌금 기도 회원 중
주기도문 다 같이

말씀 나누기

　히스기야 시대의 남유다 백성들은 아하스 왕의 우상숭배를 따라 행하였으며(6절), 형식적으로 하나님을 섬기면서 세속적인 복을 추구하는 이중적인 삶을 살고 있었습니다.

　이런 상황 속에서 25세인 히스기야는 유다의 13대 왕으로 즉위하여 백성들의 잠자던 영을 깨우기 위해 힘썼습니다(기원전 723-기원전 687년). 히스기야의 이름은 '여호와는 나의 힘'이란 뜻입니다. 그는 후에 그리스도의 조상이 됩니다(마 1:9). 타성에 젖었던 백성들의 삶을 깨우며 신앙을 회복한 히스기야의 영성을 살펴보겠습니다.

1. 예배 회복을 통하여 신앙 개혁을 하였습니다

남유다 백성은 오랜 시간을 지나며 하나님을 믿는 신앙보다 주변 나라의 풍습을 받아들이며 세속화되기 시작했습니다. 그 결과, 하나님을 믿는 신앙은 명목적 종교로서 남게 되었습니다. 이것은 마치 멸망한 북이스라엘 사람들이 행했던 행동과도 같습니다. 그들은 '이와 같이 그들이 여호와도 경외하고 또한 어디서부터 옮겨왔든지 그 민족의 풍속대로 자기의 신들도 섬겼더라' 고 합니다(왕하 17:33). 나아가 여호와만 경외하라는 말씀을 듣지 아니하고 이전 풍속대로 행하며, 점점 아로새긴 우상까지 섬겼습니다(왕하 17:40-41). 히스기야는 신앙의 본질과 예배 회복을 위해 먼저 우상을 없애며 신앙 개혁 운동을 시작했습니다. 여러 우상 산당들을 제거하고 주상을 깨뜨리며 아세라 목상을 찍으며 백성들이 우상처럼 모시는 모세의 놋뱀을 부수었습니다(3-4절). 그리고 제사장과 레위 사람을 불러 '여러분은 자신을 성결하게 하고 또 여러분 조상의 하나님 여호와의 성전을 성결하게 하여 성소에서 더러운 것을 다 제거하라' 고 했습니다(대하 29장). 또한 온 이스라엘과 유다에 사람을 보내어 유월절 절기를 지키도록 하여 하나님만을 섬기게 하였습니다(대하 30장).

잠자던 영적 신앙을 깨우기 위해 그동안 신뢰하고 의지했던 우상, 권력, 물질, 돈이 있다면 내려놓고 회개해야 합니다. 오직 하나님만을 의지하고 신뢰하며 나가는 예배의 삶을 회복해야 합니다. 또한 예배를 통해 타성에 젖었던 삶을 새롭게 해야 합니다.

"히스기야 왕이 귀인들과 더불어 레위 사람을 명령하여 다윗과 선견자 아삽의 시로 여호와를 찬송하게 하매 그들이 즐거움으로 찬송하고 몸을 굽혀 예배하니라"(대하 29:30)

2. 기도를 통해 어려움을 극복하였습니다

히스기야가 왕이 되던 시기는 종교적으로 극도로 타락하고 병들었던 시기였으며, 대외적으로는 북이스라엘을 멸망시킨(722년) 앗수르의 위협이 계속 되었습니다. 앗수르는 대군을 앞세워 유다를 2차례나 공격하였습니다(왕하 18-19장). 이런 국가적인 어려운 상황에 히스기야는 여호와의 성전에 올라가 하나님께 간구하였습니다. '천지의 하나님께서 하나님을 비방하는 저 무리들 가운데서 우리를 구원 하옵소서'라고 기도하였습니다(왕하 19:14-19). 그때 선지자 아모스의 아들 이사야는 비방하는 자들을 두려워하지 말라고 격려하며, 하나님께서 승리하게 하실 것을 알려 주었습니다(왕하 19:20-34). 결국, 유다를 치러왔던 앗수르의 왕 산헤립은 패배하고 돌아가 죽임을 당하게 되었습니다.

히스기야는 죽을 병에 걸려 곧 죽게 되었을 때, 그는 하나님께 진실과 전심으로 기도하였습니다. 이를 통해 그는 15년을 더 살게 되었고, 유다 백성들을 앗수르의 손에서 구원하여 하나님의 뜻을 이루었습니다. 삶에는 언제나 뜻하지 않는 어려움과 힘든 일이 생기기 마련입니다. 그때 창조주 하나님께 기도하고 주님의 지혜를 구해야 합니다. 기도의 특권을 통해 어려움을 슬기롭게 이겨나가야 합니다.

> "이러므로 히스기야 왕이 아모스의 아들 선지자 이사야와 더불어 하늘을 향하여 부르짖어 기도하였더니(대하 32:20)"

3. 회개를 통하여 영적 승리의 삶을 살았습니다

말씀 앞에서 깨어지지 않으면 교만으로 넘어집니다. 히스기야에게도 교만의 시기가 있었습니다. 처음에는 모든 부분에서 하나님 보시기에 좋고 바르게 행했으며(대하 31:20-21), 기도를 통하여 앗수르로부터 보호하심을 받았습니다. 그리고 병으로부터 낫는 기적 같은 일을 경험하게 되었습니다. 그런데 마음이 교만해졌습니다(대하 32:24-25). 자신이 모든 것을 한 것처럼 보였습니다. 자랑하고 싶은 마음이 생겼습니다. 그는 교만하여 적대국이었던 바벨론의 사신들에게도 군기고와 창고를 보여 주며 자랑하였습니다. 잘 될 때, 교만을 조심해야 합니다. 그러나 영적으로 깨어있던 히스기야는 자신의 교만을 깨닫고 뉘우쳤습니다(대하 32:26). 그리고 백성들도 함께 회개하였습니다. 결국, 하나님의 진노가 그의 때에는 내리지 않게 되었습니다.

사람은 누구나 넘어질 수 있습니다. 실패할 수 있습니다. 그러나 깨닫고 회개 기도함으로 나아갈 때, 승리의 길로 돌아설 수 있습니다. 예수님은 겟세마네 동산에서 잠자던 제자들에게 마음에는 원이로되 육신이 연약하니 시험에 들지 않게 깨어 기도하라고 하십니다(마 26:41). 육신이 약하니 시험에 넘어지라는 것이 아니라 깨어 기도하여 시험당하지 말라는 것입니다. 깨어 기도하신 주님처럼 기도할 때만이 영적 승리를 할 수 있습니다.

"시험에 들지 않게 깨어 기도하라 마음에는 원이로되 육신이 약하도다 하시고"(마 26:41)

말씀 실천하기
- 습관적이고 타성에 빠진 삶으로부터 하나님이 임재하시는 예배를 어떻게 회복하시겠습니까?
- 깨어 회개 기도하면서 하나님의 비전을 회복해야 할 영역은 무엇입니까?

합심 기도하기
- 예배를 사모하고 온 맘 다해 드리는 예배되게 하옵소서.
- 깨어 기도하고 회개하며 하나님의 귀한 사명을 잘 감당하게 하옵소서.

20 말씀의 영적 지도자 요시야

본문 말씀

대하 34:1-8,
29-33

◆ 이룰 목표

- 그리스도인은 과거 청산을 통해 새로운 인생을 살아가는 것임을 안다.
- 말씀을 따라 좌우로 치우치지 않는 올바른 삶을 산다.

◆ 본문 살피기

- 요시야는 몇 살에 왕이 되었으며 몇 년을 다스렸습니까?(1절)
- 요시야는 어떤 왕의 길을 걸으며 어떻게 정직하게 행하였습니까?(2절)
- 요시야는 성전을 수리하고 정결하게 하던 중에 무엇을
  발견하였습니까?(14절)

소그룹예배 인도 순서

사도신경 다 같이

찬   송 251장(통 137)

기   도 회원 중

본문 말씀 대하 34:1-8,
        29-33

새길 말씀 대하 34:31

헌금 찬송 289장(통 208)

헌금 기도 회원 중

주기도문 다 같이

말씀 나누기

'역사는 반복된다' 라는 말이 있습니다. 유다 왕들도 반복된 역사 속에 있었습니다. 하나님 보시기에 선한 왕과 악한 왕이 반복됩니다.

유다의 13대 왕 선왕 히스기야가 죽은 후, 그의 아들 므낫세가 55년 동안 유다를 다스렸습니다. 므낫세는 여호와 보시기에 악을 행하여 아버지 히스기야가 없앤 모든 신상과 산당을 다시 세워 우상 숭배하였습니다. 므낫세 말년에는 그나마 여호와가 하나님이신

줄 깨닫고(대하 33:13), 여호와의 전을 건축하고 우상과 이방 신들을 제하였습니다. 그러함에도 우상들은 여전히 남아 있었고, 대를 이은 그의 아들 아몬 왕도 우상들을 섬기며 더 죄를 지었습니다(대하 33:23). 결국, 악한 왕 아몬은 2년 뒤에 죽임을 당하였으며, 유다의 마지막 선왕 요시야가 왕이 되었습니다.

요시야는 '여호와께서 도와주심'이라는 뜻입니다. 유다의 16대 왕 요시야는 어떤 왕이기에 하나님 보시기에 정직하며 좌우로 치우치지 않는 왕이었는지 살펴보겠습니다.

1. 과거의 세속적이며 잘못된 것을 청산하였습니다

대부분 사람은 과거에 사로잡혀 과거를 청산하지 못하며 살아갑니다. 아직도 하나님의 자녀임을 확신하지 못하고 살아갑니다. 그 이유 중의 하나는 잘못된 것을 청산하지 못하고 있기 때문입니다.

요시야 왕은 어떻게 과거를 청산하였습니까? 그가 왕이 된 것은 8세입니다. 그가 그의 조상 다윗의 하나님을 찾은 때는 팔 년이 지난 16세였습니다(대하 34:3). 그 후, 20살이 되어 산당과 우상들을 제거하였습니다.

무엇보다 먼저 하나님을 찾는 것이 중요합니다. 하나님을 만나고 하나님 안에서 살면, 과거의 모든 것은 하나씩 벗겨지기 시작합니다. 그리고 결단의 시간이 옵니다. 요시야는 하나님 앞에 정결하고 거룩하게 살겠다는 결단을 하였습니다. 요시야는 하나님을 만났고 거룩한 삶으로 나아갔습니다. 성도가 하나님을 찾고 나갈 때, 하나님은 과거로부터 벗어나게 하십니다.

"아직도 어렸을 때 곧 왕위에 있은 지 팔 년에 그의 조상 다윗의 하나님을 비로소 찾고 제십이년에 유다와 예루살렘을 비로소 정결하게 하여 그 산당들과 아세라 목상들과 아로새긴 우상들과 부어 만든 우상들을 제거하여 버리매"(대하 34:3)

2. 말씀을 통해 좌우로 치우치지 않는 삶을 살았습니다

하나님의 말씀은 성도들이 좌우로 치우치지 않고, 올바른 길을 걸어갈 수 있게 하는 지표입니다. 마치 나침반과 같은 역할이 바로 말씀입니다. 요시야는 세상의 온갖 우상들과 산당들로 하나님을 떠난 백성들에게 말씀을 통해 회복과 개혁을 실시하였습니다.

요시야는 성전을 수리하는 과정에서 율법책을 발견했습니다. 율법책을 읽는 동안 하나님의 백성들이 말씀대로 행하지 않아 하나님의 진노가 왔음을 알게 되었습니다(대하 34:21). 요시야는 자기뿐만 아니라 유다와 모든 장로, 제사장, 선지자, 백성 노소를 막론하고 성전에 모아 성전에서 발견한 율법책을 읽어 주었습니다(30절). 그리고 모든 백성이 계명, 법도, 율례를 지켜 언약의 말씀을 따르도록 하였습니다. 좌우로 치우쳐 하나님 없는 삶을 살았던 백성들에게 말씀을 통해 올바른 길을 걷도록 했습니다.

성도에게 말씀은 기준이 되고, 생각과 행동의 기초가 되어야 합니다. 성도로서 얼마나 말씀을 읽고 있는지, 말씀을 얼마나 묵상하고 있는지 돌아봐야 합니다. 좌우로 치우쳐 세속화되지 않도록 매일 말씀을 가까이해야 합니다.

"그러므로 믿음은 들음에서 나며 들음은 그리스도의 말씀으로 말미암았느니라"(롬 10:17)

3. 세상과 타협하지 않는 신앙의 소유자였습니다

요시야는 말씀을 따라 유다에 있는 모든 신접한 자, 점쟁이, 우상과 가증한 모든 것을 제거하였습니다(왕하 23:24). 그는 여호와 앞에서 언약을 세우되 마음을 다하고 목숨을 다하여 여호와께 순종하고 그의 계명과 법도와 율례를 지켜 언약의 말씀을 이루려 하였습니다(대하 34:31). 성경은 요시야를 가리켜 율법을 따라 여호와께로 돌이킨 왕은 전에도 없었고 후에도 그와 같은 자가 없었다고 기록하고 있습니다(왕하 23:25).

신앙의 삶이란 세상과 적당히 타협하면서 사는 삶이 아닙니다. 유다 백성들은 주변 나라의 풍속과 문화를 적당히 받아들이면서 타협하다 보니, 하나님을 떠난 삶을 살게 되었습니다. 오히려 하나님을 다른 신들보다도 못한 존재로 인식하게 되었습니다. 사람이 만들어 낸 우상임을 잊게 된 것입니다. 신앙의 삶은 세상과 타협하는 것이 아니라 오직 하나님만을 경외하며 섬기고 사는 믿음의 삶입니다.

예수님은 사람들의 비난, 십자가의 고난과 죽음까지도 감수하면서 세상과 타협하지 않으시고 하나님의 뜻을 이뤄 우리에게 생명을 주셨습니다. 말씀을 따라 살며 세상과 타협하지 않으신 예수님처럼 올바른 신앙의 삶을 살아야 합니다.

"오직 강하고 극히 담대하여 나의 종 모세가 네게 명령한 그 율법을 다 지켜 행하고 우로나 좌로나 치우치지 말라 그리하면 어디로 가든지 형통하리니"(수 1:7)

말씀 실천하기
- 좌우로 치우치지 않는 올바른 길을 가기 위해 말씀을 얼마나 자주 묵상합니까?
- 마음과 목숨을 다하여 여호와를 순종하며 말씀을 따라 주님께 돌이킨 일들은 무엇입니까?

합심 기도하기
- 말씀 묵상(큐티)을 통하여 매일 나를 새롭게 하여 주옵소서.
- 혼신의 힘을 다해 주님을 섬기며 타협이 아닌 회개로 온전한 삶으로 살게 하옵소서.

21 죽음도 두려워하지 않는
사드락 메삭 아벳느고

본문 말씀

단 1:11-13
(단 3:13-18)

◆ 이룰 목표

- 믿음으로 세상과 타협하지 않는다는 것이 무엇인지 안다.
- 죽음 앞에 선 믿음의 모습을 배운다.

◆ 본문 살피기

- 사드락 메삭 아벳느고의 히브리 이름 무엇입니까?(11절)
- 다니엘 사드락 메삭 아벳느고가 구별된 음식을 먹는 시험 기간은 며칠이었습니까?(12절)
- 느부갓네살 왕의 금신상에게 절하지 않아 받는 벌은 무엇입니까? (3장 6, 15절)

소그룹예배 인도 순서

사도신경 다 같이
찬　　송 359장(통 401)
기　　도 회원 중
본문 말씀 단 1:11-13
　　　　　　(단 3:13-18)
새길 말씀 단 3:18
헌금 찬송 358(통 400)
헌금 기도 회원 중
주기도문 다 같이

말씀 나누기

세상에서 가장 두려운 것은 죽음일 것입니다. 그런데 그 죽음을 두려워하지 않고 믿음을 지킨 다니엘의 세 친구가 있습니다. 바로 사드락 메삭 아벳느고(바벨론식 이름)입니다. 그들은 유다 왕족과 귀족으로 느부갓네살의 1차 침공(주전 606) 때 바벨론에 포로로 잡혀갔습니다. 그들의 히브리식 이름은 하나냐(여호와는 은혜로우시다), 미사엘(주께서 지금 계신다), 아사랴(여호와는 돕는 자)입니다. 이들은 바벨론 제국을 정복했던 바사 왕 고레스의 통치 원년인 539년까지 바벨론에서 살았습니다.

포로의 신분이었지만, 뛰어난 지혜와 학문으로 왕의 앞에 서기 위해 3년 동안 교육을 받기도 하였습니다(5절). 그러나 그들은 이방인의 나라 바벨론에서 신앙을 지키기 위한 큰 도전을 받게 되었습니다. 어떤 도전을 받게 되었고 어떻게 신앙을 지켰는지 살펴보겠습니다.

1. 믿음의 사람과 뜻을 같이 하였습니다

사드락 메삭 아벳느고에게는 믿음의 형제 다니엘이 있었습니다. 그들에게 다가온 첫 번째 신앙의 도전은 음식에 대한 것이었습니다. 바벨론의 학문과 언어를 배우며 왕의 음식과 포도주를 먹고 훈련을 받아야 하는 상황에서, 다니엘은 바벨론의 부정한 음식으로 자신을 더럽히지 아니할 것을 결단하고 환관장에게 '자신을 더럽히지 않을 수 있도록 해 달라'고 간청했습니다(단 1:8). 환관장의 은혜를 입어 감독관을 통해 열흘 동안 시험하여 왕의 음식과 포도주 대신 채소와 물을 먹게 되었습니다. 이때 다니엘과 함께 신앙을 지킨 사람이 바로 사드락 메삭 아벳느고였습니다. 그들은 왕의 음식을 먹은 바벨론의 다른 소년들보다 훨씬 아름답고 윤택한 모습으로 모든 신앙의 위기를 이겨냈습니다(15절).

믿음의 사람과 함께 뜻을 같이하며 어려운 시험을 이겼습니다. 어떤 시험이나 문제를 만나면 서로 중보기도하면서 믿음의 길을 함께 걸어야 합니다.

"다니엘은 뜻을 정하여 왕의 음식과 그가 마시는 포도주로 자기를 더럽히지 아니하리라하고 자기를 더럽히지 아니하도록 환관장에게 구하니"(단 1:8)

2. 믿음을 지킨 신앙의 소유자였습니다

사드락 메삭 아벳느고는 포로로 잡혀 왔지만 바벨론으로부터 신임을 얻었고, 바벨론 지방을 다스리는 자리에까지 올라갔습니다(단 3:12). 이때, 그들은 생명을 위협받는 신앙의 도전을 받게 되었습니다. 느부갓네살 왕은 금 신상(높이 27m, 너비 2,7m)을 만들고, 낙성식을 열어 총독, 수령, 행정관, 모사, 재무관, 재판관, 법률사, 각 지방 관원에게 절하라고 명하였으며(단 3:3-6), 절하지 않는 사람은 맹렬히 타는 풀무불에 던진다고 하였습니다.

세상은 언제나 믿음의 사람들에게 세상을 따라 살라고 합니다. '절만 하면, 평화롭게 지낼 수 있다' 라고 말합니다. '금 신상에 절만 하면, 지방 관원의 일들을 계속할 수 있다' 라고 말합니다. 그리고 '잠깐만 따라 살면, 모든 것이 순조롭게 된다' 라고 말합니다. 그러나 사드락 메삭 아벳느고는 믿음을 지켰습니다. 그들은 쉬운 길이 아닌 어렵지만 믿음의 길을 택했습니다. 우리의 신앙은 어떻습니까? 편한 길, 쉬운 길을 선택합니까? 아니면 신앙의 길입니까? 신앙생활은 세상을 따라가는 길이 아니라 어려움 속에서도 믿음의 길을 선택하는 것입니다.

"그렇게 하지 아니하실지라도 왕이여 우리가 왕의 신들을 섬기지도 아니하고 왕이 세우신 금 신상에게 절하지도 아니할 줄을 아옵소서"(단 3:18)

3. 죽음도 두려워하지 않는 믿음의 사람이었습니다

사드락 메삭 아벳느고는 우상에게 절을 하지 않습니다. 그러자 그들을 싫어하는 바벨론 사람들은 그들을 참소하였습니다(단 3:8). 결국, 그들은 왕 앞에 서게 되고, 왕은 다시 그들에게 절하라고 명하였습니다. 믿음을 지키고자 결단한 사드락 메삭 아벳느고는 다음과 같이 말하였습니다.

'굽어 살펴 주십시오. 이 일을 두고서는, 우리가 임금님께 대답할 필요가 없는 줄 압니다. 불 속에 던져져도, 임금님, 우리를 지키시는 우리 하나님이 우리를 활활 타는 용광로 속에서 구해 주시고, 임금님의 손에서도 구해 주실 것입니다. 비록 그렇게 되지 않더라도, 우리는 임금님의 신들을 섬기지도 않고, 임금님이 세우신 금 신상에게 절을 하지도 않을 것입니다. 굽어 살펴 주십시오'(단 3:16-18)라고 했습니다. 그들의 대답에 느브갓네살 왕은 분노했습니다. 그리고 평소 풀무불보다 7배나 더 뜨겁게 하였고, 이 믿음의 형제들은 용광로에 던져졌습니다.

대부분의 사람들은 죽음 앞에서 믿음을 버리거나 감춥니다. 그러나 사드락 메삭 아벳느고는 죽음보다 크시고, 생명을 구하시는 분이 주님이심을 믿고 죽더라도 절하지 않겠다고 왕 앞에서 선포했습니다. 하나님은 그들을 용광로에서 구하시고, 바벨론 지방에서 더욱 높이 세우셨습니다(단 3:30). 생사화복을 주관하시는 주님을 의지하며 믿음의 사람으로 살아가야 합니다.

"몸은 죽여도 영혼은 능히 죽이지 못하는 자들을 두려워하지 말고 오직 몸과 영혼을 능히 지옥에 멸하실 수 있는 이를 두려워하라"(마 10:28)

말씀 실천하기
- 믿음의 생활 가운데 세상을 따라 하는 잘못된 습관은 무엇입니까?
- 그 무엇보다 크신 주님이 지금 함께하심을 알고 있습니까?

합심 기도하기
- 세상을 따라 살고 싶은 마음을 돌이켜 믿음을 지키는 용기를 주옵소서.
- 이 세상 살아갈 때, 두려워하는 마음이 아니라 믿음으로 담대하게 살아가게 하옵소서.

22 성전을 재건한 지도자 스룹바벨

본문 말씀

스 3:8-13

(스 5:1-2)

◆ 이룰 목표

- 성전 건축을 통한 신앙 중심의 삶을 살펴본다.
- 성전 건축을 통해 잃어버린 영성 회복을 한다.

◆ 본문 살피기

- 바벨론에서 예루살렘으로 돌아온 자들은 어떤 공사를 하였습니까?
  (8절)
- 모든 백성이 여호와의 성전 기초를 보고 어떠했습니까?(11절)
- 성전을 다시 건축할 때, 예언하며 도운 선지자는 누구입니까?
  (5장 1-2절)

소그룹예배 인도 순서

사도신경	다 같이
찬 송	391장(통 446)
기 도	회원 중
본문 말씀	스 3:8-13
	(스 5:1-2)
새길 말씀	스 3:11
헌금 찬송	208장(통 246)
헌금 기도	회원 중
주기도문	다 같이

말씀 나누기

이스라엘에게 있어 성전은 단순히 예배를 드리는 장소만을 의미하지 않습니다. 성전은 하나님과 만나는 곳이며, 하나님이 이스라엘의 진정한 왕이심을 나타내는 곳이었습니다. 성전은 이스라엘을 하나로 만드는 상징적인 의미를 갖고 있습니다. 특히 이스라엘 민족이 바벨론에 의해 멸망한 후, 무너진 성전을 다시 세우는 것은 민족을 하나로 묶고 부흥을 소망하는 일이었습니다.

그 성전 재건 중심에 스룹바벨(바벨론에서 낳았다라는 뜻)이라는 인물이 있었습니다. 그는 유다 왕 여호야긴의 손자이며, 스알디엘의 아들로 유다 왕족이었습니다(스 3:2). 유다 총독으로 본토로 돌아온 그는(바벨론식 이름:세스바살, 스 1:8), 유대인들로부터 크게 존경받는 인물로 유대전승에 기록되었습니다. 스룹바벨은 바사 왕 다리오 왕의 막역한 친구로, 왕으로부터 포로 귀환과 성전 재건을 허락받았고, 많은 재물을 후원받았다고 역사학자 요세푸스는 기록하였습니다. 스룹바벨이 어떻게 성전을 재건하여 이스라엘 민족에게 소망을 주었는지 살펴보겠습니다.

1. 성전 재건 사역 전에 먼저 하나님을 예배했습니다

총독 스룹바벨, 대제사장 예수아 및 그 밖의 두령들은 제1차로 포로 약 5만 명을 이끌고 주전 538년 예루살렘으로 돌아왔습니다(스 2:1-64). 종교 지도자 예수아와 정치 지도자 스룹바벨이 주 안에서 한마음이 돼 활동하였습니다. 예배를 위한 제단을 쌓고 여호와께 경배하였습니다(스 3:1-9). 백성들을 모아 7월 1일 나팔절, 7월 10일 속죄절, 7월 15일 초막절을 말씀대로 지키게 하여, 성전을 짓기 전에 먼저 제단을 쌓아 하나님께 예배하였습니다.

성전을 건축하기 전 백성들이 하나님께 마음을 다하도록 예배한 것처럼, 어떤 일이든 시작하기 전에 먼저 예배드려야 합니다. 또한 주변 나라 백성들로 인하여 두려울 때, 하나님께 아침, 저녁으로 예배하며 모든 일을 담대하게 시작했습니다(스 3:3). 어떤 일을 하기 전 먼저 하나님께 예배드려야 합니다.

"무리가 모든 나라 백성을 두려워하여 제단을 그 터에 세우고 그 위에서 아침 저녁으로 여호와께 번제를 드리며"(스 3:3)

2. 성전 재건의 어려움을 견뎌냈습니다

예루살렘에 도착한지 2년인 주전 536년에 스룹바벨은 하나님 성전의 기초를 놓았습니다(스 3:8-13). 성전 재건의 기초를 놓아 백성들은 기뻐하였으나, 건축한다는 소식이 퍼지면서 유대인들의 성전 건축을 싫어하는 대적들의 방해가 시작되었습니다(스 4:4). 사마리아 대적들은 시기하며, 스룹바벨의 성전 건축공사를 중단시키기 위해 바사 왕에게 호소했습니다. 결국, 기초를 놓은 후 성전 건축공사는 중지되었습니다(4장). 그렇게 중지된 공사는 기약할 수 없는 상태가 되어 다리오 왕 제2년까지 약 15년 동안 중단되었습니다.

이때 당시 종교 지도자이며 선지자인 학개, 스가랴의 권면과 책망으로 성전 건축공사를 다시 시작할 수 있게 되었습니다. 다시 성전 건축이 시작된다는 소식에 수리아 총독들은 바사 왕 다리오에게 이의를 제기하였습니다. 총독들은 건축 실패를 말하며 성전 건축을 계속해야 하는지 왕에게 보고하였습니다(5장). 왕의 재가를 받지 못하면, 성전을 재건하는 일은 물거품이 됩니다. 그러나 왕은 허가해 주었으며, 오히려 성전 건축이 빨리 마무리되기까지 도와주었습니다.

주를 향한 사역에는 언제나 어려움이 따르기 마련입니다. 왜냐하면, 사단이 주님의 사역을 할 수 없도록 방해하기 때문입니다. 스룹바벨은 이렇게 성전 재건의 여러 어려움에 직면하였습니다. 15년이 지났어도 그리고 앞으로 닥칠 일들이 어려워도 다시 일어나 시작하는 스룹바벨의 믿음을 가져야 합니다.

"이에 스알디엘의 아들 스룹바벨과 요사닥의 아들 예수아가 일어나 예루살렘에 있던 하나님의 성전을 다시 건축하기 시작하매 하나님의 선지자들이 함께 있어 그들을 돕더니"(스 5:2)

3. 끝까지 성전 건축의 사명을 감당했습니다

성전을 건축하고 어려움을 꿋꿋이 견디고 일어선 스룹바벨의 사역에 하나님은 함께 하셨습니다. 스룹바벨은 이 일들을 위한 지도자로 세워져 사역을 감당하기 시작했습니다. 그러나 자신의 힘만으로 되는 것은 아니었습니다. 첫 시작을 할 때는 포로로 귀환한 백성들이 건축 헌금을 하며 함께 하였습니다(스 2:68-69). 건축이 중단되어 15년이 지난 다음에는 하나님의 선지자들이 함께하며 도왔습니다(스 5:2). 또한, 하나님의 역사 가운데 솔로몬 성전이 파괴된 이후 70년 만에 바사 왕의 적극적인 지원을 통해 기적적으로 세워지게 되었습니다(스 6:1-15). 스룹바벨의 성전 건축에 대한 열심 때문에 사람들은 그것을 '스룹바벨의 성전'이라 불렀습니다.

스룹바벨은 나라를 잃고 갈 길을 알지 못하고 있는 하나님의 백성들에게 성전 건축을 통해 영적 비전과 소망을 주는 구심점 역할을 하였습니다. 이처럼 끝까지 주가 주신 사명을 감당할 때, 하나님께서는 함께하는 자들과 환경을 허락하여 하나님 나라 사역을 이루십니다.

"유다 사람의 장로들이 선지자 학개와 잇도의 손자 스가랴의 권면을 따랐으므로 성전 건축하는 일이 형통한지라 이스라엘 하나님의 명령과 바사 왕 고레스와 다리오와 아닥사스다의 조서를 따라 성전을 건축하며 일을 끝내되"(스 6:17)

말씀 실천하기
- 성전 건축이나 성전을 위해 헌신해야 하는 일은 무엇입니까?
- 사명을 포기하고 싶을 때에도 하나님의 뜻과 도우심을 구하며 잘 감당하고 있습니까?

합심 기도하기
- 성전에서 맡은 사역과 사명을 잘 감당하게 하옵소서.
- 어려움 속에서도 사명을 끝까지 감당하여 성령의 도우심을 간증하게 하옵소서.

23 나라를 위한 불굴의 지도자 느헤미야

본문 말씀
느 1:1-11

◆ 이룰 목표

- 영적으로 깨어 사역하기 위해서는 기도가 필요하다는 것을 안다.
- 실천하는 믿음이 무엇인지 살펴본다.

◆ 본문 살피기

- 유다 예루살렘에 어떤 일이 일어났습니까?(3절)
- 예루살렘에 일어난 일을 듣고 느헤미야는 슬퍼하며 무엇을 합니까?(4절)
- 느헤미야는 누구의 관원이 되었습니까?(11절)

소그룹예배 인도 순서

사도신경	다 같이
찬　　송	585장(통 384)
기　　도	회원 중
본문 말씀	느 1:1-11
새길 말씀	느 1:4
헌금 찬송	323장(통 355)
헌금 기도	회원 중
주기도문	다 같이

말씀 나누기

이스라엘은 바벨론과 바사 제국에 의해 유린 되어 혼동의 시기를 겪고 있었습니다. 나라를 잃은 것뿐만 아니라 신앙의 삶조차도 외부의 영향으로 지키기 힘들었습니다. 성전은 파괴되었다가 스룹바벨의 주도하에 간신히 재건되었습니다. 그런데 이번에는 약 90여 년이 지난 후 예루살렘 성과 성문이 허물어지고 불타 버렸습니다.

이스라엘 백성은 이루 말할 수 없는 슬픔

에 잠기게 되었습니다. 포로로 잡혀 온 사람, 느헤미야(여호와의 위로)도 그 소식을 듣고 슬픔과 눈물의 시간을 보내었습니다(4절). 그는 하가랴의 아들이었으며, 예루살렘의 통치자가 된 하나니의 형이었으며(느 7:2), 바사 왕 아닥사스다의 술관원이었습니다(느 1:1). 그는 성벽 재건을 통해 백성들을 위로하고 격려하였습니다. 어떻게 느헤미야가 성벽 재건을 하며 하나님 앞에 쓰임 받았는지 살펴보겠습니다.

1. 나라를 위해 금식하고 기도 했습니다

느헤미야는 기도의 사람이었습니다. 그는 기도로 시작해서 기도로 끝을 맺는 사람이었습니다(느 1:4-11, 13:29-31). 그의 기도는 느헤미야서 곳곳에 나타나 있습니다. 특히 나라를 위해 기도하였습니다. 예루살렘 성과 성벽이 무너짐을 보고 그냥 슬픔과 눈물만 흘린 것이 아니라 금식과 기도로 하나님 앞에 나아갔습니다. 누구나 슬퍼할 수 있지만, 하나님 앞에 금식과 간절한 기도를 하는 사람은 많지 않습니다. 느헤미야는 민족의 아픔을 마음에 품고 기도하였습니다. 나라를 위해 백성들이 행한 죄악을 긍휼히 여겨달라고 기도하였습니다(1장).

하나님은 기도에 응답하셔서, 바사 왕 아닥사스다를 통하여 성을 건축할 수 있는 허락을 받게 하였습니다(2장). 그는 예루살렘 성벽 재건을 하며, 대적자들의 도전과 어려움에 처할 때도 기도하였습니다(느 4:4, 5:9, 6:9). 기도할 때, 하나님은 비전과 소망을 보이시며 길을 열어 주십니다. 주의 나라를 위해 주어진 사명과 사역을 위해 기도해야겠습니다.

"내가 이 말을 듣고 앉아서 울고 수일 동안 슬퍼하며 하늘의 하나님 앞에 금식하며 기도하여 "(느 1:4)

2. 주님의 은혜와 지혜로 성벽 건축의 어려움을 극복 하였습니다

바사 왕의 허락을 받아 느헤미야는 유다 총독으로 임명 받고 예루살렘 성벽을 재건하고자 예루살렘으로 가게 되었습니다. 그 소식은 주변에 있는 다른 총독들에게도 전해졌으며, 그들은 이스라엘의 세력이 커지기를 싫어하여 업신여기고 비웃었습니다. 더 나가 주변에 있는 족속들을 모아 예루살렘을 치고자 계획하였습니다. 그러나 하나님께서는 그들의 계획이 발각되게 하여 느헤미야로 방비하게 하였고, 그들의 계획은 실패하였습니다(4장). 그들은 계속해서 느헤미야에 대한 암살 음모를 꾸미지만, 그것 또한 실패하였습니다(6장).

이렇게 외적인 어려움이 있었고, 내적으로는 가난한 백성들이 사역에 대해 원망하기 시작하였습니다(5장). 지도자 느헤미야는 깊이 생각하고 귀족과 민장들을 꾸짖고 설득하여, 꾸어 주었던 모든 것에 대한 이자를 받지 않도록 하고, 오히려 그들에게 백 분의 일을 돌려주게 하였습니다. 본인 자신도 총독으로서 이전 총독들이 착취했던 잘못된 관행을 없애며, 총독의 녹을 받지 아니하였습니다(느 5:14-19).

안팎으로 일어나는 어려움을 느헤미야는 주님 앞에 간구하는 가운데 극복하였습니다(느 4:4-6, 5:19). 주를 향한 헌신과 노력 가운데 주님의 은혜와 지혜를 구하였습니다.

"내 하나님이여 내가 이 백성을 위하여 행한 모든 일을 기억하사 내게 은혜를 베푸시옵소서 "(느 5:19)

3. 행함이 있는 믿음으로 영적 개혁을 이끌었습니다

느헤미야는 확실히 모든 일에 앞서 기도하는 기도의 사람이었습니다. 뿐만 아니라 하나님 앞에서 자신의 역할을 충실히 행하는 충성된 사람이었습니다. 하나님께서 느헤미아의 마음을 감동시켜 성벽 재건의 사역을 하게 하였고, 하나님은 은혜를 주시고 모든 일을 이루었습니다.

느헤미야는 또한 에스라를 통해 말씀을 낭독하게 하여 말씀의 권위를 회복하고 말씀에 입각하여 개혁을 단행하였습니다. 그는 이스라엘 백성들을 회개하게 하며 지도자들을 세우고, 제도를 정비하여 신앙을 개혁하고 부흥시키는 사역을 하였습니다(8–13장). 믿음은 들음에서 납니다(롬 10:17). 느헤미야는 에스라를 통하여 말씀이 선포되게 하고(8장), 그 말씀대로 실천하게 하였으며, 기도와 말씀으로 영성을 회복하여 믿음으로 영적 개혁을 이루었습니다.

진정한 영적 부흥을 바라면서도 저절로 잘되기만을 바라며 말씀보다 엉뚱한 인간적인 경험을 가지고 애쓰는 경우도 있습니다. 예수님께서는 하나님의 말씀을 따라 겟세마네 기도를 통하여 십자가의 길을, 순종하며 꿋꿋이 걸어가는 신앙의 본을 보여 주셨습니다. 막연한 걱정과 불안이 아니라 믿음으로 행하며 영적 개혁, 영적 부흥의 길을 걸어가야겠습니다.

"이 율법책을 네 입에서 떠나지 말게 하며 주야로 그것을 묵상하여 그 안에 기록된 대로 다 지켜 행하라 그리하면 네 길이 평탄하게 될 것이며 네가 형통하리라"(수 1:8)

말씀 실천하기
- 사역을 위해 기도하며 실천할 비전은 무엇입니까?
- 큐티(말씀묵상)를 통하여 영성을 회복하며 성령 충만한 시간을 가지십니까?

합심 기도하기
- 교회의 비전과 사명을 위해 동참하며 실천하는 믿음을 주시옵소서.
- 기도와 말씀(큐티)으로 주님과 교제히며 성령 충만한 시간을 갖게 하옵소서.

24 결단하는 신앙의 소유자 **에스더**

본문 말씀

에 4:1-3,
13-17

◆ 이룰 목표

- 가정과 사회 속에 맡겨진 모든 삶이 하나님께서 부르신 삶임을 안다.
- 세속에서 살아가는 동안 주님의 사역을 위해 결단하는 신앙을 갖는다.

◆ 본문 살피기

- 유대인들을 진멸하라는 조서가 알려지면서 유대인들은
  무엇을 하였습니까?(3절)
- 모르드개는 에스더가 왕후가 된 이유가 무엇이라고 생각하고
  있습니까?(14절)
- 에스더는 규례를 어기고 왕 앞에 나가기 전에 모르드개에게
  무엇을 요청합니까?(16절)

소그룹예배 인도 순서

사도신경 다 같이

찬　　송 342장(통 395)

기　　도 회원 중

본문 말씀 에 4:1-3, 13-17

새길 말씀 에 4:16

헌금 찬송 353장(통 391)

헌금 기도 회원 중

주기도문 다 같이

말씀 나누기

하나님의 사람들은 그의 나라를 위해 크거나 작거나 하나님께 쓰임 받습니다. 에스더는 뜻하지 않게 찾아온 기회로 바사 왕 아하수에로 왕후가 되어 이스라엘 민족을 위해 쓰임 받았습니다. 에스더는 바벨론식 이름으로 '별' 이란 뜻이며 히브리 이름은 하닷사입니다(에 2:7). 부모가 죽은 후 사촌 모르드개가 딸처럼 양육하였습니다.

그때는 바벨론 왕 느부갓네살에 의해 예루

살렘이 함락된 지 약 100여 년이 지났으며, 스룹바벨에 의한 제1차 바벨론 포로 귀환이 있은 지 약 60년이 지난 때였습니다. 바사 제국은 아하수에로의 통치하에 지중해 지역에서 경제적, 정치적으로 극도의 번영을 누리고 있었습니다. 번영된 바사 제국 하에서 많은 이스라엘 포로들은 어떤 희망도 없이 하나님의 선민의식도 상실한 채 살고 있었습니다. 이때 바사 왕의 신하인 하만에 의해 유대인들은 멸절 위기에 직면하게 되었고, 왕후로 있던 에스더의 활약으로 그 위기에서 구출되는 드라마틱한 체험하게 되었습니다. 하나님께서 그의 백성을 위해 어떻게 에스더를 쓰셨는지 살펴보도록 하겠습니다.

1. 하나님의 섭리 가운데 쓰임 받는 왕후의 자리에 앉게 되었습니다

왕후가 되는 과정은 하고 싶다고 해서, 또는 아무나 쉽게 될 수 있는 것은 아닙니다. 당시 아하수에로 왕의 왕후는 와스디였습니다. 아하수에로 왕은 모든 귀족 대신들과 함께 하는 잔치 자리에 왕후 와스디를 오라 명하였습니다. 그러나 와스디는 왕명을 따르지 않고, 왕의 잔치에 가지 않습니다. 이런 왕후의 행동이 남편을 멸시하고 백성의 본이 되지 못한다 하여 왕은 왕후를 폐하고, 왕후는 왕 앞에 나오지 못하는 조서를 내렸습니다.

이제 새로운 왕후를 뽑기 위해 왕은 수많은 아리따운 처녀를 모았으며, 에스더도 이 무리에 이끌려 가게 되었고, 그 많은 처녀 중에서 왕후가 되었습니다.

하나님께서는 왕후가 된 에스더를 하나님의 백성을 구원하는 일에 쓰십니다. 자신의 미모 때문에, 자신의 능력 때문에, 자신의 지혜 때문에 이룬 것 같지만, 사실 하나님께서 하나님 나라를 위해 쓰임 받기 위해 준비하신 것입니다. 하나님의 백성이 어디에 있든지 하나님께서 그들을 통해 하나님의 나라를 이루십니다. 하나님의 백성인 우리를 통해 이루시고자 하는 하나님의 마음을 헤아리며 맡은 자리에서 충성을 다해야 합니다.

"사람이 마땅히 우리를 그리스도의 일꾼이요 하나님의 비밀을 맡은 자로 여길지어다 그리고 맡은 자들에게 구할 것은 충성이니라"(고전 4:1-2)

2. 하나님 나라 백성을 위해 결단의 기도를 하였습니다

아하수에로 왕의 총애를 입어 높은 지위를 얻은 신하 아각 사람 하만은 교만하였고, 대궐문에서 일하는 신하들은 하만에게 꿇어 절하고 그의 눈치를 살폈습니다. 그러나 에스더의 사촌 모르드개는 하만에게 꿇지도 절하지도 않았습니다. 신하들이 하만에게 유대인 모르드개의 일을 말하고, 화가 난 하만은 모르드개 뿐만 아니라 유대인들을 죽이고자 음모를 꾸몄습니다.

하만은 왕에게 왕의 법률과 다른 법을 섬기는 민족이 있으니, 그들을 용납하면 안 된다고 고하였고, 은 일만 달란트를 왕의 금고에 드리는 것으로, 왕으로부터 유대인을 마음대로 처리하라는 허가를 받아냈습니다. 하만은 모든 지방에 조서를 내려 열두째 달 십삼 일, 유대 사람들을 모두 죽이고 재산을 탈취하려고 계획 하였습니다.

이 사실을 알게 된 모르드개와 유대인들은 자기 옷을 찢고 굵은 베옷을 입고 재를 뒤집어쓰고 금식하며 대성통곡하였습니다. 이런 사실을 에스더는 알게 되고, 모르드개는 에스더에게 민족을 위해 왕 앞에 나가는 결단을 촉구하였습니다. 만약 왕후가 왕 앞에 설 때, 왕이 규를 내밀지 않으면 죽게 되기에, 에스더는 모르드개에게 밤낮 삼일을 금식하며 기도를 요청하였고, 마침내 '죽으면 죽으리이다' 라는 각오로 왕 앞에 나가기로 결단하였습니다.

그리스도인들이 겪는 힘든 시기가 있습니다. 이때 하나님께 아뢰며, 꿋꿋이 견디고 나가는 결단의 기도를 해야 합니다. 하나님 앞에 결단하며 나갈 때, 하나님은 이길 힘을 주시거나 피할 길을 열어 주십니다.

> "사람이 감당할 시험 밖에는 너희가 당한 것이 없나니 오직 하나님은 미쁘사 너희가 감당하지 못할 시험 당함을 허락하지 아니하시고 시험 당할 즈음에 또한 피할 길을 내사 너희로 능히 감당하게 하시느니라"(고전 10:13)

3. 기념일을 만들어 신앙의 유산을 남겨주었습니다

에스더의 결단으로 자신이 베푼 잔치 자리에 왕을 오게 하였으며, 유대인을 죽이고자 하는 하만의 음모도 폭로하였습니다. 이로 인해 하만은 모르드개를 처형하려고 만들어 놓은 교수대에 자신이 처형당했습니다. 또한 모르드개는 왕을 암살하려는 자들을 잡은 공로로 왕으로부터 존귀함을 받았으며, 유대인들을 구원하게 되었습니다. 이것이 에스더 이야기의 행복한 결말입니다. 그러나, 여기에서 끝이 아닙니다. 에스더와 모르드개는 유대인들이 살게 된 날을 기념하여 부림일이라는 기념일을 만들었습니다. 박해에 대한 승리를 기념하는 의미를 지녔기에 오늘날까지 유대인들은 부림일에 예배와 무도회를 즐깁니다.

에스더는 주의 백성을 살리는 길에 왕후로 쓰임 받았습니다. '죽으면 죽으리로다' 라는 결단이 있었으므로, 하나님의 섭리 가운데 에스더의 놀라운 이야기가 신앙의 유산이 되었고, 부림절이 하나님의 역사를 기념하는 날이 되었습니다. 예수님의 십자가와 부활의 이야기도 신앙의 유산으로 자녀들에게 물려줌으로 하나님께 쓰임 받는 믿음의 성도가 되어야 합니다.

"내가 네게 명령한 것이 아니냐 강하고 담대하라 두려워하지 말며 놀라지 말라 네가 어디로 가든지 네 하나님 여호와가 너와 함께 하느니라 하시니라"(수 1:9)

말씀 실천하기
- 하나님 앞에 회개하고 주를 위해 결단해야 할 일은 무엇입니까?
- 하나님께 헌신한 신앙의 기념일은 언제입니까?

합심 기도하기
- 에스더와 같이 있는 곳에서 나를 써 주시옵소서.
- 신앙의 삶을 전수하는 공동체가 되게 하옵소서.

믿음이 없이는 하나님을 기쁘시게 못하나니
하나님께 나아가는 자는 반드시 그가 계신 것과
또한 그가 자기를 찾는 자들에게 상 주시는이심을
믿어야 할지니라

 - 히 11:6

바이블 루트

4

25 의로운 사람 **요셉**

본문 말씀
마 1:18-25

◆ 이룰 목표

- 의로운 사람으로 인정받은 요셉의 신앙을 배운다.
- 요셉처럼 경건을 실천하여 삶 속에서 예수님을 드러낸다.

◆ 본문 살피기

- 마리아의 남편 요셉은 어떤 사람이라고 했습니까?(19절)
- '예수'의 뜻은 무엇입니까?(21절)
- '임마누엘'의 뜻은 무엇입니까?(23절)

소그룹예배 인도 순서	
사도신경	다 같이
찬　　송	369장(통 487)
기　　도	회원 중
본문 말씀	마 1:18-25
새길 말씀	마 1:24-25
헌금 찬송	285장(통 209)
헌금 기도	회원 중
주기도문	다 같이

말씀 나누기

'하나님께서 더 하신다' 라는 뜻의 이름을 가진 요셉은 유다 지파 다윗 왕의 28대 자손이며 베들레헴 나사렛에서 살던 목수였습니다. 하나님께서는 구세주 예수님을 이 땅에 보내시기 위하여 경건한 사람 요셉과 마리아 부부를 택하셨습니다. 그런데 요셉은 약혼녀인 마리아가 자신과 동거하기도 전에 임신했다는 소식을 듣고 고민을 하게 됩니다. 의로운 사람 요셉은 결국 약혼자 마리아를 부끄럽게 하지 않으려고 가만히 파혼하려고 합니다(19절). 이때 요셉은 꿈을 통해 '이 모든 일이 일어난 것은 주께서 하신 말씀을 이루게 하려 함이다' 라는 계시를 받게 됩니다. 이에 따라 의로운 사람 요셉은 도저히 납득 할 수 없는 이 일을 믿음으로 수용하였으며 그로 인해 하나님의 새로운 역사가 펼쳐지게 됩니다. 의로운 사람 요셉의 신앙과 사역을 살펴보겠습니다.

1. 요셉은 주님의 말씀을 신뢰하고 실행했습니다

정혼한 마리아가 임신했다는 소식을 들은 요셉은 충격을 받았지만, 마리아를 보호하고자 하는 마음을 갖게 됩니다. 그래서 사람들이 모르게 파혼하는 것으로 일을 마무리하려고 합니다. 그때 꿈을 통해 '이 모든 일이 하나님의 일' 임을 알게 된 요셉은 천사의 지시에 따라 아내를 데려오고 아들을 낳기까지 동침하지 않았습니다(25절).

이처럼 요셉은 연약한 사람을 보호하시는 하나님을 본받아 마리아의 허물을 드러내지 않았고 동정녀 임신 속에 담긴 하나님의 계획을 알게 된 후, 하나님의 언약을 신뢰하고 아내 마리아의 순결을 끝까지 지켜줍니다. 이와 같은 요셉의 모습이 바로 하나님의 의를 따르는 것이며 주님의 말씀을 신뢰하는 것입니다. 요셉은 이해할 수 없는 상황을 거부할 수도 있었지만, 하나님의 언약과 말씀만을 따랐습니다.

믿음은 주님의 말씀을 온전히 신뢰하는 것입니다. 도저히 이해할 수 없는 상황 속에서도 여전히 하나님의 말씀을 신뢰하고 실행하는 사람이 믿음의 사람이며 의로운 사람입니다.

"악인에게는 많은 슬픔이 있으나 여호와를 신뢰하는 자에게는 인자하심이 두르리로다"(시 32:10)

2. 요셉의 순종으로 하나님의 계시가 다시 시작되었습니다

요셉이 마리아의 불미스러운 일을 드러내지 않고 가만히 끊고자 하였을 때, 주님의 사자가 요셉의 꿈에서 해답을 제시하고 진실을 알게 해줍니다(20-21절). 이 말씀을 통해 오랫동안 단절되었던 하나님의 계시가 재개된 사실을 발견할 수 있습니다. 말라기 선지자 이후 400년 동안 하나님이 보내신 선지자는 없었고 하나님께서도 침묵하셨는데, 요셉을 통해 하나님의 계시가 다시 시작된 것입니다. 400여 년 침묵 이후, 하나님께서 다시 주신 계시는 '메시아 예수를 통하여 당신의 백성들을 구원하시고 함께 하시겠다' 라는 구원과 은혜의 계시였습니다. 이제 인간의 역사에 깊이 관여하고자 하시는 그 계획을 하나님의 메신저를 통해 요셉에게 밝히 드러내신 것입니다.

이처럼, 하나님을 신뢰하고 그 말씀대로 사는 자들의 삶을 통하여 하나님께서는 자신을 나타내시고 일하십니다. 만일, 요셉이 명분으로만 하나님을 믿고 실제로는 그분의 뜻을 따라 살지 않는 사람이었다면, 마리아는 율법대로 처리되었을 것이고 요셉 자신도 메시아의 부친으로 불리는 기쁨을 얻지 못했을 것입니다.

"창세로부터 그의 보이지 아니하는 것들 곧 그의 영원하신 능력과 신성이 그가 만드신 만물에 분명히 보여 알려졌나니 그러므로 그들이 핑계하지 못할지니라"(롬 1:20)

3. 요셉의 순종은 성탄의 기적을 가능하게 했습니다

요셉은 의로운 사람이었습니다. 요셉의 의로움은 무엇보다 마리아를 용납하고 허물을 덮는 것으로 나타났습니다. 요셉은 약혼한 여인이 자기와 동침하기도 전에 아기를 잉태한 것을 알고 매우 당혹스러웠고 고통스러웠을 것입니다. 이런 행위는 율법에 저촉되어 돌로 죽임을 당했습니다(신 22:13-21). 그런데 요셉은 의로운 사람이라서 '이 일을 드러내지 않고 가만히 끊고자' 했습니다(19절). 마리아의 허물을 드러내지 않고 덮어주는 요셉, 그 요셉의 이러한 의로운 행동 때문에 온 세상의 구주 예수님이 탄생하는 기적이 가능해졌습니다. 그리고 성탄하신 구주 예수님은 우리의 허물을 십자가의 사랑으로 덮어주셨습니다.

이런 의미에서 요셉은 메시아 탄생의 기적을 가능하게 한 사람입니다. 오늘날도 하나님께서는 요셉과 같은 의로운 성도들을 찾으시고 그들을 통하여 이 땅에 평화와 구원의 기쁨을 주십니다.

"미움은 다툼을 일으켜도 사랑은 모든 허물을 가리느니라"(잠 10:12)

말씀 실천하기
- 내게 이해할 수 없는 고통이 있을 때 믿음으로 극복하겠습니까?
- 나와 갈등 관계에 있는 사람을 관용하며 화평을 도모하겠습니까?

합심 기도하기
- 다른 사람의 허물에 대해 관용하고, 그를 위해 기도하게 하소서.
- 인간적으로 이해되지 않는 현실 앞에서도 하나님의 말씀을 온전히 신뢰하게 하소서.

26 하나님의 구원계획에 쓰임 받은 **마리아**

본문 말씀

눅 1:26-38

◆ 이룰 목표

- 마리아의 성결한 삶을 배우고 실천하도록 한다.
- 믿음으로 순종하여 주님께 쓰임 받는 성도의 삶을 산다.

◆ 본문 살피기

- 천사는 마리아에게 잉태하여 낳을 아들의 이름을 무엇이라고 했습니까?(31절)
- 하나님의 모든 말씀은 어떠하다고 했습니까?(37절)
- 마리아가 무엇이라고 말했을 때 천사가 떠나갔습니까?(38절)

소그룹예배 인도 순서	
사도신경	다 같이
찬 송	284장(통 206)
기 도	회원 중
본문 말씀	눅 1:26-38
새길 말씀	눅 1:31
헌금 찬송	342장(통 395)
헌금 기도	회원 중
주기도문	다 같이

말씀 나누기

마태복음이 요셉을 중심으로 그의 의로운 행동과 하나님께 대한 순종을 통해 메시아 탄생의 기적이 일어났음을 기록했다면, 누가복음은 '처녀가 성령으로 잉태하여 아들을 낳으리라'는 수태고지의 난관에도 불구하고 하나님께 순종한 마리아를 중심으로 기록하고 있습니다.

'마리아'라는 이름에는 '존귀한 자', '높여진 자'란 뜻이 있습니다. 그녀가 태어나서 자라난 곳은 나사렛 북쪽 지역이었는데, 그곳으로 가브리엘 천사가 마리아를 찾아왔습니다. 그리고 '잉태하여 아들을 낳을 것이니 그 이름을 예수라 하라' 는 놀라운 하나님의 계획을 전하였습니다. 마리아는 '나는 남자를 알지 못하는데 어떻게 이런 일이 가능한가?' 묻습니다. 그러자 천사는 '이 일은 전능하신 하나님의 능력인 성령으로 말미암아 이루어질 것' 이라고 알려줍니다. 천사의 말을 들은 마리아는 매우 놀랍고 감당하기 힘든 일이었지만 "주의 여종이오니 말씀대로 내게 이루어지이다" 라고 결단하면서 신앙의 고백을 하였습니다.

성령을 통해 구주 예수님을 잉태하면서부터 마리아는 인간적인 어려움과 애굽으로 피해야 하는 힘든 일들을 겪게 되지만, 하나님의 함께 하심으로 잘 감당합니다. 하나님의 구원계획에 쓰임 받았던 마리아에 대해 알아보겠습니다.

1. 헌신의 결단이 있었습니다

나사렛에서 자라던 마리아에게 하나님께서는 성령으로 예수님을 잉태케 하겠다고 알려주었습니다. 마리아는 요셉과 정혼한 사이였지만 동침하지는 않았던 시기였습니다(34절). 이러한 상황에서 임신한다면, 남편 될 요셉은 이를 수용할지 그리고 혼전 간음으로 여겨져서 돌로 쳐서 죽일지도 모르는 유대의 엄격한 관습은 어떻게 감당할지 등 수많은 생각과 두려움이 엄습했을 것입니다. 그럼에도 불구하고 마리아는 '대저 하나님의 모든 말씀은 능하지 못하심이 없다' 라는(37절) 말씀을 의지하여 "주의 여종이오니 말씀대로 내게 이루어지이다" 라는(38절) 고백으로 하나님께 순종했습니다. 이러한 마리아의 고백은 자신이 당해야 할 고통과 아픔보다 하나님의 말씀과 뜻이 더 소중하여 그 뜻에 겸손히 순복하는 대단한 결단입니다. 이와 같은 헌신의 결단이 있었기에 마리아는 예수 그리스도께서 성육신하시는 데 쓰임 받게 됩니다. 오늘날도 하나님께서는 자신의 경험이나 생각보다 하나님의 말씀과 뜻을 우선순위에 두고 순종하는 사람을 찾으시고 그러한 사람들을 통하여 일하십니다.

"너희 몸은 너희가 하나님께로부터 받은 바 너희 가운데 계신 성령의 전인 줄을 알지 못하느냐 너희는 너희 자신의 것이 아니라 값으로 산 것이 되었으니 그런즉 너희 몸으로 하나님께 영광을 돌리라"(고전 6:19-20)

2. 성령으로 잉태했습니다

마리아는 남자를 알지 못하는 자기에게 어떻게 이런 일이 일어날 수 있느냐고 묻습니다. 여기에서 '안다' 라는 것은 경험을 의미합니다. 마리아는 분명하게 자신이 정결한 처녀임을 가브리엘에게 말한 것입니다. 마리아의 질문에 가브리엘은 성령이 마리아에게 임할 것이며, '하나님의 말씀은 능하지 못하심이 없다' 라고(37절) 대답합니다.

남자를 알지 못하는 순결한 처녀가 잉태한다는 말씀에 대하여, 마리아가 처음에 의아해하던 것처럼 과학 시대를 살아가는 현대인 중에는 이해할 수 없다고 말하는 경우가 많습니다. 논리적으로 불가능하다는 이유 때문입니다. 그러나 천사는 '나이 많고 본래 임신하지 못한다고 알려진 엘리사벳이 임신한 지 6개월이나 지났음' 을 마리아에게 알리면서 인간의 이성과 한계를 초월하시는 하나님의 능력은 이 모든 것을 가능하게 하실 수 있음을 증명합니다. 사람은 이성의 한계 때문에 인간의 한계를 초월하는 세계를 다 알 수 없습니다.

마리아는 육신도 순결한 처녀였지만 하나님에 대한 믿음도 순결했습니다. 그 결과 마리아는 예수님을 성령으로 잉태하였습니다. 하나님께서는 이처럼 깨끗한 그릇을 은혜의 그릇으로 사용하십니다.

"또한 너희 지체를 불의의 무기로 죄에게 내주지 말고 오직 너희 자신을 죽은 자 가운데서 다시 살아난 자같이 하나님께 드리며 너희 지체를 의의 무기로 하나님께 드리라"(롬 6:13)

3. 하나님의 구원계획에 쓰임 받았습니다

하나님께서는 범죄와 불순종 때문에 포로가 되고 이방의 속국이 되기도 한 이스라엘에 대하여 구원계획을 세우시고 선지자와 예언자의 입을 통하여 계획을 전달하셨습니다. "보라 처녀가 잉태하여 아들을 낳을 것이요 그 이름을 임마누엘이라 하리라"(사 7:14)는 말씀과 "내가 잠시 너를 버렸으나 큰 긍휼로 너를 모을 것이요 내가 넘치는 진노로 내 얼굴을 네게서 잠시 가리웠으나 영원한 자비로 너를 긍휼히 여기리라 네 구속자 여호와께서 말씀하셨느니라"(사54:7-8)는 말씀은 이를 잘 보여주고 있습니다.

이러한 하나님의 구원계획은 400년 계시 암흑기를 거쳐, 하나님의 말씀에 순종한 요셉과 마리아를 통하여 시작되었습니다. 특히 마리아는 여성으로서 감당하기 어려운 상황이 예상됨에도 불구하고 이러한 하나님의 계획에 믿음으로 순종함으로써 하나님의 구원계획에 쓰임 받게 되었고, 나아가 자신을 사용하신 하나님을 찬양했습니다(눅 1:46-55). 이로써 마리아는 예수의 모친이라는 영광과 복을 누리게 되었습니다. 이처럼 하나님의 말씀과 뜻에 순종하면 아름다운 열매를 맺게 됩니다.

"그가 아들이시면서도 받으신 고난으로 순종을 배워서 온전하게 되셨은즉 자기에게 순종하는 모든 자에게 영원한 구원의 근원이 되시고"(히 5:8-9)

말씀 실천하기

- 날마다 주님의 은혜를 받기 위해 내가 힘써야 할 일들은 무엇입니까?
- 주님의 말씀을 따를 때, 힘든 일이 있더라도 순종하겠습니까?

합심 기도하기

- 하나님의 말씀에 온전히 순종하며 헌신하게 하소서.
- 날마다 성령의 인도하심을 받으며 하나님께 쓰임 받게 하소서.

27 주님께 쓰임 받은 사가랴와 엘리사벳

본문 말씀
눅 1:5-17

◆ 이룰 목표

- 하나님 앞에서 의롭게 사는 생활이 무엇인지를 이해한다.
- 쉬지 않고 기도하는 자가 받는 축복이 무엇인지를 안다.

◆ 본문 살피기

- 사가랴와 엘리사벳은 주의 모든 계명과 규례대로 어떻게 행하였습니까?(6절)
- 사가랴와 엘리사벳은 어떤 사람들이었습니까?(6절)
- 천사는 사가랴에게 엘리사벳이 아이를 낳으면 이름을 무엇이라 하라고 했습니까?(13절)

소그룹예배 인도 순서	
사도신경	다 같이
찬　　송	192장(통 없음)
기　　도	회원 중
본문 말씀	눅 1:5-17
새길 말씀	눅 1:6
헌금 찬송	183장(통 172)
헌금 기도	회원 중
주기도문	다 같이

말씀 나누기

사가랴와 엘리사벳이 살았던 유대는 로마의 식민지로 로마 정권이 임명한 헤롯 왕이 통치하고 있었습니다. 헤롯 왕은 예루살렘 성전을 재건하는 등 유대의 부흥을 위해 힘쓰는 것처럼 보였지만, 사실은 종교를 하나의 정치도구로 이용하는 타락한 시기였습니다. 이처럼 이스라엘 암흑기를 살았던 사가랴의 이름에는 '여호와께서 기억하신다' 라는 뜻이 있습니다. 그는 아비야 반열에 속한 제사장 직분을 가지고 있었고 아론의 자손이자 다윗 가문의 여인 엘리사벳의 남편으로 소개됩니다(눅 1:5). 예수의 모친 마리아와 친척관계인 엘리사벳은 본래부터 임신할 수 없는 여인이었는데(눅 1:36), 노년에도 불구하고 하나님의 은혜로 잉태하여 예수의 사역을 예비한 세례 요한을 출산합니다. 그녀의 이름에는 '하나님은 나의 맹세'라는 뜻이 있으며, 누가는 그녀와 사가랴를 '하나님 앞에 의인이니'로 소개합니다(눅 1:6).

'이스라엘 자손을 그들의 하나님께로 돌아오게 하고, 엘리야의 심령과 능력으로 주 앞에 먼저 와서 아버지의 마음을 자식에게 거스르는 자를 의인의 슬기에 돌아오게 하고 주를 위하여 세운 백성을 준비하는' 막중한 일을 감당했던 세례 요한(눅 1:16-17), 그러한 세례 요한을 하나님의 은혜로 낳게 된 사가랴와 엘리사벳의 신앙을 살펴보겠습니다.

1. 기도에 힘썼습니다

사가랴는 제비를 뽑아 주의 성소에 들어가 분향하는 기회를 얻었습니다. 주의 성소에서 분향하는 일은 모든 제사장이 소망하는 사역이었습니다. 당시 15,000여 명의 제사장이 성막에 모여서 제비뽑기로 성전과 성막의 담당 업무를 정했다고 하는데, 그들은 제비뽑기를 하나님의 선택과 은혜의 방편으로 여겼다고 합니다. 주의 사자가 나타나 "너의 간구함이 들린지라 네 아내 엘리사벳이 네게 아들을 낳아주리니 그 이름을 요한이라 하라"는(13절) 말씀을 전달합니다. "너희 간구함이 들린지라"라는 구절을 통해 우리는 자식을 낳을 수 없었던 사가랴와 엘리사벳의 슬픔과 고통, 그리고 하나님께 대한 간절한 기도를 추측할 수 있습니다.

'죄 때문에 자식이 없는 것'으로 생각했던 당시 상황에서 제사장 직분까지 맡았으니 얼마나 고통스러웠을까요? 이러한 고통 앞에서도 사가랴

부부는 절망 대신 하나님께 간절히 기도했습니다. 그리고 마침내 그의 기도가 응답되었습니다. 성소의 직무를 마치고 돌아간 후 사가랴의 부인인 엘리사벳은 말씀대로 아이를 잉태하게 됩니다(23-24절). 이처럼 사가랴와 엘리사벳은 항상 마음과 뜻을 다해 기도하는 생활을 하였습니다. 무시로 성령 안에서 기도하고 깨어 구하기를 항상 힘쓰는 자들에게 하나님의 은혜가 함께 하십니다.

"모든 기도와 간구를 하되 항상 성령 안에서 기도하고 이를 위하여 깨어 구하기를 항상 힘쓰며 여러 성도를 위하여 구하라"(엡 6:18)

2. 하나님 앞에서 의롭게 생활했습니다

성경은 사가랴와 그의 아내 엘리사벳에 대해 "이 두 사람이 하나님 앞에 의인이니 주의 모든 계명과 규례대로 흠이 없이 행하더라"고(6절) 소개합니다. 하나님 앞에 의인이라는 말은 삶의 모든 부분에서 하나님을 경외하며 살았음을 의미합니다. 즉, 하나님의 말씀을 신뢰하고 '주의 계명과 규례'를 지키며 산 사람이란 뜻입니다.

하나님께서는 이처럼 이스라엘의 회복과 메시아의 오심을 기다리며, 당신 앞에서 의롭게 살아온 사가랴와 엘리사벳을 사용하여 당신의 구원 사역을 진행하셨습니다. 예수님을 이 땅에 보내시기 전 '엘리야의 심령과 능력으로 주 앞에 먼저 와서 아버지의 마음을 자식에게 거스르는 자를 의인의 슬기에 돌아오게 하고 주를 위하여 세운 백성을 준비'할 세례 요한의 탄생을 두 부부를 택하여 일하신 것입니다. 이로 인해 두 부부는 노년에 세례 요한을 얻는 기쁨과 동시에 주님의 길을 예비하는 사역에 쓰임 받는 복을 누리게 되었습니다.

의롭게 산다는 것은 나의 뜻이 아니라, 하나님이 일하시는 시간이 이르도록 포기하지 않고 하나님의 말씀과 뜻에 순종하는 것입니다. 지금도 하나님께서는 의롭게 살고자 하는 성도들을 통해 일하시고 그들을 기쁨과 복된 길로 인도하십니다.

"온전하게 행하는 자가 의인이라 그의 후손에게 복이 있느니라"(잠 20:7)

3. 맡겨진 일에 충성했습니다

사가랴와 엘리사벳의 아들 세례 요한은 400여 년 이스라엘 침묵을 깨고 '광야에서 외치는 소리' 가 됩니다. 또한 16-17절 말씀처럼 엘리야의 심령으로 하나님 아버지의 마음을 자식 된 이스라엘 자손들에게 전함으로써, 수많은 이스라엘 자손들을 하나님께로 돌아오게 하고 주의 길을 예비하는 사역을 감당하게 됩니다. 고통과 아픔 속에 있는 백성들을 하나님께로 인도하여, 다시 하나님의 백성으로 돌아오도록 한 세례 요한의 사역과 이러한 세례 요한을 출생하고 그렇게 살도록 인도했던 부모의 신앙은 무엇일까요?

사가랴와 엘리사벳은 하나님 앞에서 흠 없는 의인이었으며(6절), 자신에게 주어진 직분에 대하여 충실하였고(8-9절), 하나님의 전능하심을 믿고 늘 기도에 힘쓴 부부였습니다(13절). 이처럼, 하나님께서는 자기의 자리에서 자기에게 맡겨진 직분에 충성하며 기도로 기다리는 사람을 기억하시고 그들로 영광을 얻게 하십니다.

"내 눈이 이 땅의 충성된 자를 살펴 나와 함께 살게 하리니 완전한 길에 행하는 자가 나를 따르리로다"(시 101:6)

말씀 실천하기

• 주님과 깊은 교제를 하는 시간을 갖습니까?

• 그리스도를 만난 후 나의 삶은 계속 성장하고 있습니까?

합심 기도하기

• 맡겨진 주님의 일에 충성으로 감당하는 일꾼 되게 하소서.

• 주님의 재림을 사모하며 날마다 깨어 기도하게 하소서.

28 모범적인 예배자 동방박사

본문 말씀
마 2:1-12

◆ 이룰 목표

- 동방박사들이 드렸던 모범적인 예배의 자세를 배운다.
- 하나님께 드리는 예물은 마음과 정성을 담아 기쁨과 감사함으로 드린다.

◆ 본문 살피기

- 예수님은 어디서 태어나셨습니까?(1절)
- 베들레헴에서 나실 예수님은 무엇이 되리라 하셨습니까?(6절)
- 동방에서 온 박사들은 아기 예수께 무엇을 드렸습니까?(11절)

소그룹예배 인도 순서	
사도신경	다 같이
찬 송	288장(통 204)
기 도	회원 중
본문 말씀	마 2:1-12
새길 말씀	마 2:2
헌금 찬송	401장(통 457)
헌금 기도	회원 중
주기도문	다 같이

말씀 나누기

성경학자들에 의하면 동방박사들은 페르시아(Persia) 나라의 점성학자 혹은 천문학자들로서 큰 인물이 출현할 때는 특별한 별이 나타나는 것으로 믿어 왔다고 합니다. 동방은 메소포타미아 지방을 의미합니다. 이스라엘에서 볼 때 그들이 이방인이기는 하지만 그들은 당대의 학자요 지식층이었습니다. 특별히 그들은 포로로 잡혀 왔던 히브리 사람들의 영향을 받아서 장차 메시아가 나타날 것과 메시아가 나타날 때는 특별한 별이 나타난다고 하는 것을 믿고 있었다고 합니다. 그런데 어느 날 이상한 큰 별이 하나 나타나는 것을 보고 이 동방박사들은 직접 황금과 유황과 몰약을 준비해 떠났습니다. 박사들은 그 별이 메시아의 탄생임을 알게 되었고 그들은 선물을 준비하여 아기 예수님을 경배하게 된 것입니다. 동방으로부터 온 박사라고 해서 흔히 '동방박사'라고 불렀던 이들이 드렸던 모범적인 예배(경배)에 대해 알아보겠습니다.

1. 새로 태어나신 왕을 만나보고 싶다는 간절함이 있었습니다

동방박사들은 오직 새로 태어나신 왕을 만나보고 싶다는 열망으로 고난과 위험을 무릅쓰고 별을 보고 먼 길을 여행했습니다. 예루살렘에 이르렀을 때 왕궁에 있을 줄 알았던 아기왕은 만나보지 못하고 헤롯 왕궁에 있던 서기관들의 안내에 따라 벽촌 베들레헴까지 갔습니다. 힘든 길이었지만 왕을 만나보고 싶다는 간절함에 이끌려 주저함 없이 먼 길을 떠나서 베들레헴까지 온 것입니다.

주님은 이렇게 간절하게 찾는 사람들을 만나주십니다. 이 시대의 그리스도인의 문제는 주님을 향한 간절함을 잃어버렸다는 것입니다. 자녀를 키우다가 자녀를 잃어버린 분들을 보면 정말 간절하게 자녀를 찾아 헤맵니다. 그리스도인들은 주님을 찾는 그런 간절함이 있어야 합니다. 주님은 간절하게 찾는 사람들을 만나주십니다.

"나를 사랑하는 자들이 나의 사랑을 입으며 나를 간절히 찾는 자가 나를 만날 것이니라"(잠 8:17)

2. 예수님을 경배했습니다

동방박사들이 베들레헴에 이르러 집에 들어가 보니, 아기 예수님이 마리아와 함께 계셨습니다(11절). 동방박사들은 아기 예수님을 경배했습니다. '경배하다' 라는 말은 몸을 완전히 엎드려서 존경을 표시하는 행동을 가리키는 것으로, 이러한 행동은 오직 하나님께만 하는 행동이었습니다. 사탄이 광야에서 40일간 금식하신 예수님에게 "만일 내게 엎드려 경배하면 이 모든 것을 네게 주리라"(마 4:9)고 유혹할 때, 그 경배가 바로 그러한 행위였습니다. 그때 예수님은 "사탄아 물러가라 기록되었으되 주 너의 하나님께 경배하고 다만 그를 섬기라 하였느니라"(마 4:10) 말씀하셨습니다. 그 말씀에서 사용된 경배가 바로 오직 하나님께만 할 수 있는 것입니다. 그런데 동방박사들의 경배를 통해서 예수님은 그런 경배를 받으실 분이라는 것이 드러난 것입니다.

예수님은 베들레헴에서 태어나셨지만, 부모인 요셉과 마리아 외에는 누구도 구세주로 태어나신 아기 예수님에게 관심이 없었습니다. 누가복음에 의하면 양을 치던 목자들만 찾아와서 축하의 인사를 했을 뿐입니다. 그런데 동방박사들이 베들레헴의 한 마구간에서 태어난 아기 예수님에게 경배함으로써, 온 세상에 구세주 나심을 알렸습니다. 참된 경배는 일상의 삶을 통하여 예수님을 온 세상에 드러나게 합니다.

"너희 권능 있는 자들아 영광과 능력을 여호와께 돌리고 돌릴지어다 여호와께 그의 이름에 합당한 영광을 돌리며 거룩한 옷을 입고 여호와께 예배할지어다"(시 29:1-2)

3. 값진 예물을 드렸습니다

동방박사들은 아기 예수님에게 귀중한 선물을 드렸습니다(11절). 고대 동양의 풍습에는 왕을 만날 때에는 예물을 가지고 가는 것이 일반적인 관례였습니다. 당시 풍습을 따라서 동방박사들은 아기 예수님에게 예물을 드렸습니다. 그 예물을 드릴 때, 정성을 다하여 왕께 황금과 유향과 몰약을 예물로 드렸습니다. 이 예물은 그 당시에 귀중한 것이었습니다. 황금은 부나 재물, 돈과 관계된 것으로 사람들이 이 땅에서 귀하게 여기는 것입니다. 유향은 감람과의 나무에서 채취한 향, 향료로써 존경과 경의 등을 나타냅니다. 그리고 몰약은 동아프리카나 아라비아에서 나는 것으로 향기가 나는 수지로 향수, 향료의 원료로 사용됩니다. 때로는 포도주와 혼합하여 진통제로 쓰이기도 하였습니다. 내가 소중히 여기고, 사랑이 있는 곳에 몸과 마음 그리고 시간과 물질을 드리는 것과 같습니다.

동방박사들이 예물을 드리며 경배하고 돌아갈 때, 하나님의 사자가 꿈에 나타나 다른 길로 가라고 알려 주셔서 무사히 고국으로 돌아갔습니다. 이처럼 오늘날도 진정으로 예수님을 경배하며 헌신과 감사로 예물을 드리는 자에게 하나님께서는 생명의 길, 복된 길로 인도해 주십니다.

"여호와의 이름에 합당한 영광을 그에게 돌릴지어다 제물을 들고 그 앞에 들어갈지어다 아름답고 거룩한 것으로 여호와께 경배할지어다"(대상 16:29)

말씀 실천하기
- 나는 동방박사들처럼 겸손한 태도로 주님을 경배합니까?
- 나는 하나님께 예물을 드릴 때 즐겁고 감사한 마음으로 드리고 있습니까?

합심 기도하기
- 하나님을 경외함으로 주님의 뜻을 분별하는 지혜로운 사람이 되게 하소서.
- 삶 속에 참된 예배자로 살아갈 수 있도록 예배의 회복이 이루어지게 하소서.

29 예수님께 인정받은 **백부장**의 신앙

본문 말씀
마 8:5-13

◆ 이룰 목표

- 주님께 인정받은 백부장의 신앙과 인격을 배운다.
- 백부장의 신앙을 본받고 진실한 제자의 삶을 산다.

◆ 본문 살피기

- 백부장은 예수님께 누구를 위해 병 낫기를 간구했습니까?(6절)
- 예수님이 가서 고쳐 주리라고 하셨을 때 백부장은 무엇이라 대답했습니까?(8절)
- 백부장의 대답을 들으신 예수님이 하신 말씀은 무엇입니까?(10절)

소그룹예배 인도 순서

사도신경 다 같이
찬 송 찬송 412(통 469)
기 도 회원 중
본문 말씀 마 8:5-13
새길 말씀 마 8:10
헌금 찬송 351장(통 389)
헌금 기도 회원 중
주기도문 다 같이

말씀 나누기

예수님이 가버나움에 들어가셨을 때, 가버나움에 주둔하고 있는 로마 군대의 장교인 백부장 한 사람이 나왔습니다. 백부장은 예수께 중풍병으로 몹시 괴로워하는 자기 하인의 병을 고쳐 달라고 간구하였습니다. 그때 예수님이 '내가 가서 고쳐 주리라' 고 하셨지만, 백부장은 예수님의 방문을 감당하지 못하겠다고 하면서 예수님이 말씀만 하셔도 하인이 낫겠다고 대답합니다. 예수님은 백부장의 믿음을 보시고 따르는 무리에게 '이스라엘 중 아무에게서도 이만한 믿음을 보지 못하였노라'고 말씀하셨습니다(10절). 백부장의 믿음을 예수님이 칭찬하셨습니다. 우리의 믿음도 예수님의 인정을 받아야 합니다. 백부장의 어떤 믿음이 예수님의 인정을 받았는지 살펴보겠습니다.

1. 연약한 자를 긍휼히 여겼습니다

백부장은 병이 들어 몹시 괴로워하는 하인의 병을 고치기 위하여 예수께 간구하였습니다. 하인의 병은 중풍병인데 불치의 병이기에, 더이상 하인으로서의 쓸모가 없었고, 오히려 주인에게 귀찮은 존재입니다. 그 당시에는 노예를 물건으로 취급해서 노예가 중병이 들면 고치려고 하지 않고 죽도록 내버려 둡니다. 보통 사람 같으면 다 포기할 상황이었습니다. 그런데 백부장은 중풍병이 들어 쓸모없어진 하인을 버리지 않고 오히려 고쳐 달라고 예수께 간구합니다(5-6절). 그런 하찮은 종의 병을 고쳐 달라고 로마 백부장 체면을 버리고 주님을 찾아와서 간청하는 모습은 인종과 계급의 장벽을 뛰어넘어 긍휼히 여기는 참사랑의 모습입니다.

하인이라도 그의 인격과 가치를 소중하게 여기고, 그의 연약함을 안타까워하며 불쌍히 여겨 병 낫기를 간절히 바라는 마음은 제자들에게도 있기를 바라셨을 것입니다. 예수님은 당시 상식을 뛰어넘는 백부장 안에 있는 사랑을 보시고 감동하셨습니다. 로마인이었지만 연약한 자를 긍휼히 여기는 백부장의 마음은 예수님께 칭찬받고 인정을 받았습니다. 예수님은 말과 혀로만 하는 사랑이 아니라 마음 깊은 곳에서 우러나는 진실한 사랑을 할 것을 말씀하십니다.

"긍휼히 여기는 자는 복이 있나니 그들이 긍휼히 여김을 받을 것임이요"
(마 5:7)

2. 자신을 낮추고 예수님을 높였습니다

백부장은 예수님이 집에 가서 하인의 병을 고쳐주시겠다고 말씀하셨을 때 "주여 내 집에 들어오심을 나는 감당하지 못하겠나이다"라고 말합니다(7-8절). 백부장은 예수님을 오라 가라 할 수 있는 권력을 가지고 있었지만 예수님을 찾아와서 애원합니다. 심지어 예수님을 주님이라고 부릅니다. 베드로도 예수님을 선생님이라고 불렀고, 당시 유대인 중에서도 예수님을 주님으로 부르는 사람이 극히 드물었다는 것을 생각해보면 이방인 백부장이 예수님을 주님으로 불렀다는 것은 대단히 이례적인 일입니다. 지위, 재산, 하인도 있었지만 예수님을 자신의 주님으로 고백하면서 예수님을 높였습니다.

백부장의 이런 겸손한 인격이 예수님을 감동시켰습니다. 예수님은 아직까지 이스라엘에서 이처럼 감동을 주는 믿음을 결코 만나보지 못했다고 말씀하셨습니다. 로마 군대의 장교가 식민지의 평민인 예수님 앞에 와서 무릎을 꿇은 모습을 통해 지위와 체면을 생각하지 않고, 다른 사람들의 시선도 두려워하지 않았음을 볼 수 있습니다. 백부장은 군인의 모습보다는 신앙인의 모습을 보여주고 있습니다. 자신을 낮추고 예수님을 높이는 겸손한 믿음이 인정을 받았습니다.

"그는 근본 하나님의 본체시나 하나님과 동등 됨을 취할 것으로 여기지 아니하시고 오히려 자기를 비어 종의 형체를 가지사 사람들과 같이 되셨고 사람의 모양으로 나타나사 자기를 낮추시고 죽기까지 복종하셨으니 곧 십자가에 죽으심이라"(빌 2:6-8)

3. 온전히 예수님만을 의지했습니다

예수님을 만난 백부장은 "다만 말씀으로만 하옵소서 그러면 내 하인이 낫겠사옵나이다"라고 확신 있게 고백합니다(8절). 백부장의 말 속에는 예수님은, 말씀만으로도 하인의 중풍병을 고칠 수 있다는 믿음의 확신이 있습니다. 백부장은 이전에 예수님을 만났거나 능력을 경험한 적이 없었기 때문에 온전히 믿기가 쉽지 않았을 것입니다. 그렇지만 예수님을 잘 안다고 하는 예수님의 고향 사람들이나 바리새인들과는 달랐습니다. 예수님의 능력을 시험해 보려고 하거나 증명해 보이라고 요구하지도 않았습니다. 도와달라고 간청했다가 거절당하면 어쩌지 하는 머뭇거림도 없었습니다.

백부장은 온전하게 예수님만을 의지했고, 예수님의 도움만을 구한 믿음이었습니다. 이러한 백부장의 믿음이 예수님의 인정을 받았고, 능력으로 나타났습니다. 예수님이 '가라, 네 믿음대로 될지어다' 라고 하셨을 때 그 즉시 하인의 병이 나았습니다(13절). 믿음은 자기를 의지하는 것이 아니라 예수님을 의지하는 것입니다.

"믿음이 없이는 하나님을 기쁘시게 못하나니 하나님께 나아가는 자는 반드시 그가 계신 것과 또한 그가 자기를 찾는 자들에게 상 주시는 이심을 믿어야 할지니라"(히 11:6)

말씀 실천하기
• 주님을 끝까지 신뢰함으로 인정받는 믿음의 사람이 되기를 원합니까?
• 세상의 지위나 권세를 내려놓고 겸손한 자가 되어 주님을 높이는 삶을 살겠습니까?

합심 기도하기
• 합리적인 생각을 버리고 언제나 주님만 의지하게 하소서.
• 불신자들에게 뜨거운 사랑으로 복음을 전하게 하소서.

30 가나안 여인의 큰 믿음

본문 말씀
마 15:21-28

◆ 이룰 목표

- 가나안 여인의 신앙을 배운다.
- 가나안 여인을 통한 주님의 뜻이 무엇인지 배우고 실천한다.

◆ 본문 살피기

- 가나안 여인이 예수께 간구한 것은 무엇입니까?(22절)
- 가나안 여인의 간구에 대한 예수님의 세 가지 반응은 무엇입니까?
  (23-26절)
- 개 취급당하는 가나안 여인의 고백과 예수님의 대답은 무엇입니까?
  (27-28절)

소그룹예배 인도 순서

사도신경 다 같이
찬　　송 365장(통 484)
기　　도 회원중
본문 말씀 마 15:21-28
새길 말씀 마 15:28
헌금 찬송 545장(통 344)
헌금 기도 회원중
주기도문 다 같이

말씀 나누기

　본문에는 예수께서 가나안 여인의 큰 믿음을 보시고 여인의 딸을 고쳐주신 기사가 기록되어 있습니다. 가나안 여인은 두로(티레) 지역에 거주하던 헬라인이자 수로보니게 족속으로 소개되고 있습니다(막 5:24-26). 수로보니게는 팔레스틴 북부 수리아지역의 베니게란 뜻인데, 이것은 그녀가 페니키아 출신이었음을 알려줍니다. 페니키아인들은 자신들을 가나안인 또는 시돈과 두로 사람들이라고 스스로 불렀습니다.

게네사렛을 떠나 두로와 시돈 지역으로 간 예수께서는 귀신 들린 딸이 치료받길 원하는 가나안 여인의 간절한 호소와 큰 믿음을 보게 됩니다. 예수께서는 그 여인에 대하여 "네 믿음이 크도다"라고 말씀하시며 그녀의 소원을 들어주셨는데(28절), 여인의 어떤 모습을 큰 믿음으로 보셨는지 본문을 통하여 살펴보겠습니다.

1. 낙심하지 않는 믿음의 여인이었습니다

예수께서 두로 지방에서 아무도 모르게 조용히 계시려고 했으나(막 7:24), 본문의 가나안 여인은 예수님의 소문을 듣고 귀신들려 고통당하는 딸을 구원하고자 "주 다윗의 자손이여 나를 불쌍히 여기소서"하며 간절히 부르짖었습니다(22절). 그러나 이러한 간절한 외침에도 불구하고 예수님은 한 말씀도 대답하지 아니하셨습니다(23절). 그러나 낙심하지 않고 여인은 끝까지 간구하며 부르짖었습니다. 이러한 믿음은 예수님을 알지 못하고, 그분의 능력을 믿지 않았다면 금방 포기하고 떠났을 것입니다. 그러나 낙심할 줄 모르는 큰 믿음이 있었기 때문에 예수님의 냉대에도 불구하고 포기하지 않았습니다.

예수님은 '항상 기도하고 낙심하지 말아야 할 것'을 한 과부가 불의한 재판장에게 매일 찾아가 자기의 원한을 풀어달라고 끈질기게 요구하는 비유의 말씀을 통하여 가르치셨습니다(눅 18:1-8). 이처럼 가나안 여인도 낙심하지 않고 끝까지 간구했습니다. 그리고 예수님은 이러한 믿음을 큰 믿음으로 칭찬하셨습니다(히 10:36; 약 1:4).

"너희에게 인내가 필요함은 너희가 하나님의 뜻을 행한 후에 약속하신 것을 받기 위함이라"(히 10:36)

2. 자신을 낮출 줄 아는 믿음의 여인이었습니다

딸의 고통을 치유하기 위한 그녀의 간구에 아무런 대꾸도 없으신 예수님의 냉담함에 대하여 '믿음에 대한 시험'이라고 보기도 합니다. 그러나 이러한 냉담함에도 불구하고 자신을 더욱 낮추는 모습을 발견하게 됩니다. "나는 이스라엘 집의 잃어버린 양 외에는 다른 데로 보내심을 받지 않았다"라는 예수님의 말씀에 그녀는 "절하며 이르되 나를 도우소서"라고 요청합니다(24절). 마가복음에는 '그 발아래 엎드렸다'라고 묘사하고 있습니다(막 7:25). 냉대와 외면에 대하여 항변이나 반사적 행동이 아니라, 자신을 더 낮추는 모습을 보였습니다. 이것은 예수님께 대한 절대적 믿음 때문에 가능했습니다.

딸의 질병을 고쳐야겠다는 절박함과 예수님께 대한 믿음은 그녀로 하여금 강도 높고 지속적인 시험에도 불구하고 자신을 완전히 낮추는 자리까지 나아가도록 했습니다. 믿음의 사람 중에는 계속되는 시험 앞에 신앙의 길을 벗어나는 경우를 가끔 보게 됩니다. 그러나 가나안 여인은 그럼에도 불구하고 자신을 더 낮추고 예수님을 의지했습니다. 예수님은 이러한 여인의 믿음을 크다고 칭찬하셨습니다.

"그러므로 하나님의 능하신 손 아래에서 겸손하라 때가 되면 너희를 높이시리라"(벧전 5:6)

3. 자신을 인정할 줄 아는 믿음의 여인이었습니다

도움을 청하는 여인에게 예수님은 "자녀의 떡을 취하여 개들에게 던짐이 마땅하지 아니하니라"고 대답하셨습니다(26절). 당시 유대인들은 자신들 외의 모든 사람을 이방인 취급했는데, 예수님은 유대인(자녀)과 이방인(개)으로 비유하면서 말씀하신 것입니다. 이에 대하여 "옳습니다 개들도 제 주인의 상에서 떨어지는 부스러기를 먹습니다"(27절)라고 말하는 가나안 여인의 태도는 참으로 대단합니다. 자신을 개로 취급하는 예수님의 말씀을 듣고도 '옳습니다! 개도 주인 상의 부스러기를 먹는 것처럼 부스러기 같은 작은 은혜라도 베풀어 달라' 는 믿음의 고백을 한 것입니다.

하나님께 대한 참된 믿음은 자신의 연약함과 부족함을 그대로 인정하고 그분의 은혜를 기다리는 것입니다. 반대로 자신의 신앙이나 삶이 하나님 보시기에 흠 없다고 스스로 착각한다면, 이것은 하나님 앞에서 자신을 높이는 불신앙이요, 교만입니다. 가나안 여인처럼 부족한 자신을 알고 인정하며, 하나님만을 신뢰하는 자가 큰 믿음의 소유자입니다.

"그러므로 우리는 긍휼하심을 받고 때를 따라 돕는 은혜를 얻기 위하여 은혜의 보좌 앞에 담대히 나아갈 것이니라"(히 4:16)

말씀 실천하기
- 믿음으로 끝까지 기도하는 자가 되기 위하여 어떤 결단을 하겠습니까?
- 겸손한 신앙 인격과 삶을 살기 위해 무엇부터 실천하겠습니까?

합심 기도하기
- 인내로서 끈질기게 기도하는 큰 믿음의 사람 되게 하소서.
- 성령 충만으로 예수님의 겸손과 온유의 삶을 닮게 하소서.

31 헌신의 모범이 된 **마리아**

본문 말씀
요 12:1-8

◆이룰 목표

- 하나님이 원하시는 참된 헌신이 무엇인지 배우고 실천한다.
- 고난과 비난이 있더라도 한결같이 헌신한다.

◆본문 살피기

- 베다니에서의 잔치는 누구를 위한 잔치였습니까?(1-2절)
- 마리아의 행동과 이에 대한 가룟 유다의 생각은 무엇이었습니까?(3-6절)
- 마리아의 행동에 대한 예수님의 생각은 무엇이었습니까?(7-8절)

소그룹예배 인도 순서

사도신경	다 같이
찬 송	266장(통 200)
기 도	회원 중
본문 말씀	요 12:1-8
새길 말씀	요 12:3
헌금 찬송	323장(통 355)
헌금 기도	회원 중
주기도문	다 같이

말씀 나누기

본문은 예수님이 십자가를 지기 위해 예루살렘에 입성하기 하루 전, 베다니에서 발생한 사건입니다. 예수님을 초청한 잔치 자리에서 마리아는 지극히 비싼 향유를 예수님의 발에 붓고 자기의 머리털로 주님의 발을 씻었습니다. 이러한 마리아의 행동은 요한복음 11장 1절-44절에 나타난 사건, 즉 오빠 나사로를 살려주신 예수님의 은혜에 대한 감사의 표시로 보입니다. 예수님은 이러한 마리아의 행동과 헌신에 대하여 "내가 진실로 너희에게 이르노니 온 천하에 어디서든지 이 복음이 전파되는 곳에서는 이 여자가 행한 일도 말하여 그를 기억하리라 하시니라"(마 26:13; 막 14:9)고 말씀하심으로써 모든 성도가 본받아야 할 모범이 되었습니다. 마리아의 이러한 모범적 행동과 헌신에 대하여 살펴보겠습니다.

1. 은혜를 잊지 않았습니다

마르다와 마리아의 오빠였던 나사로는 병으로 죽게 되었는데 예수께서 그를 살려주셨습니다(요 11:1-44). 요한복음 12장 2절은 예수를 위하여 잔치를 열었다고 기록되어 있고 마가복음과 마태복음에는 베다니 나병 환자 시몬 집에서 식사하실 때로 기록하고 있는데(마 26:6; 막 14:3) 이 잔치 자리를 찾아간 마리아는 향유 옥합을 예수의 발에 붓고 자신의 머리털로 그의 발을 닦았습니다(3절). 왜 주님은 마리아를 칭찬하셨습니까? 그것은 마리아가 예수님의 은혜를 잊지 않고 기억했기 때문입니다.

나사로를 살리신 예수님의 기적을 본 많은 유대인이 예수를 믿기 시작하자, 대제사장들과 바리새인들은 예수를 죽일 공모를 하였습니다(요 11:46-53). 예수님은 이러한 의도를 피해 에브라임으로 가셨다가 유월절 엿새 전에야 베다니 시몬 집으로 오셨습니다(요 11:54-12:1). 나사로를 살리신 기적이 얼마나 시간이 흘렀는지 알 수 없지만, 마리아는 이러한 주님의 은혜를 잊지 않고 계속 기억하고 있었음이 분명합니다. 삼백 데나리온이나 되는 귀한 향유는 한순간에 준비할 수 있는 것이 아닙니다. 예수님은 은혜를 잊지 않는 마리아의 헌신을 기쁘게 받으셨습니다. 만일 우리가 주님의 은혜와 사랑을 잊고 산다면 소나 나귀와 다른 점이 없을 것입니다(사 1:3).

"소는 그 임자를 알고 나귀는 그 주인의 구유를 알건마는 이스라엘은 알

지 못하고 나의 백성은 깨닫지 못하는도다"(사 1:3)

2. 진실한 감사를 드렸습니다

향유는 시집가는 여인의 필수품 중 하나로 시집가서 신랑의 머리에 향유 한 방울을 떨어뜨렸는데 이것은 '나의 신랑은 오직 당신뿐입니다' 라는 의미였다고 합니다. 그리고 신랑이 중요하게 여기는 사람들이 집을 방문할 때 존경과 예우의 의미로 머리에 향유 한 방울을 떨어뜨렸고 나머지 향유는 남편을 장사할 때 사용했다고 합니다. 이것을 통해 볼 때, 마리아가 예수님께 향유를 부은 행동에는 진실한 존경과 감사가 담겨 있음을 알 수 있습니다.

그러나 가룟 유다는 이러한 마리아의 행동에 대하여 책망했습니다. 차라리 값비싼 향유를 팔아서 가난한 사람에게 주는 것이 더 가치 있는 행동이라는 것입니다(4-5절). 그러나 예수님은 마리아의 행동을 귀하게 여기셨습니다. 향유에 담긴 마리아의 진실한 감사와 물질을 뛰어넘는 사랑을 보셨기 때문입니다. 주님은 형식적인 제사보다 진정한 마음과 감사를 원하십니다. 따라서 성도들은 마리아의 헌신을 거울삼아 우리의 봉사와 헌신의 이유를 다시 한 번 깊이 묵상해야 합니다.

"감사로 제사를 드리는 자가 나를 영화롭게 하나니 그의 행위를 옳게 하는 자에게 내가 하나님의 구원을 보이리라"(시 50:23)

3. 자신을 드렸습니다

마리아가 예수님의 발에 부어드린 향유는 지극히 비싼 것이었습니다. 가룟 유다는 그 향유의 값을 삼백 데나리온으로 추정했습니다(5절). 당시 한 데나리온은 노동자의 하루 품삯이었으므로 이 향유는 노동자가

일 년 가까이 먹지 않고 벌어야 모을 수 있는 아주 값비싼 것임을 알 수 있습니다. 물론 거액의 돈이나 귀한 물질을 드렸기 때문에 참된 헌신이라고 볼 수 없습니다. 그러나 그녀가 드린 향유는 그녀의 마음이자 자신이었음을 짐작할 수 있습니다. 신부가 신랑에게 단 하나의 사랑을 고백하는 것처럼, 자기 자신을 드린 행위였습니다.

또한 요한은 마리아가 향유를 예수님의 발에 붓고 자기 머리털로 그의 발을 닦았다고 묘사하고 있습니다(3절). 유대의 부녀자들이 공개적으로 머리를 푸는 일은 결코 없음을 감안할 때, 그녀의 헌신의 정도가 어떠함을 미루어 짐작할 수 있습니다. 이는 그녀가 자신을 온전히 그리고 전부를 드렸음을 알게 합니다. 이렇게 마리아의 전부를 받으신 주님께서는 복음이 전파되는 곳에서는 그녀의 행한 일도 기억하리라고 말씀하셨습니다(마 26:13).

> "그리스도께서 너희를 사랑하신 것 같이 너희도 사랑 가운데서 행하라 그는 우리를 위하여 자신을 버리사 향기로운 제물과 희생제물로 하나님께 드리셨느니라"(엡 5:2)

말씀 실천하기
- 주님께서 주신 은혜를 살펴보며 생활합니까?
- 그리스도인으로 헌신하지 못하게 하는 것은 무엇입니까?

합심 기도하기
- 참된 헌신 가운데 따르는 고난(비방과 반대)을 기뻐하며 감당하게 하소서.
- 성령 충만으로 겸손과 지혜로 헌신하게 하소서.

32 맹인 바디매오의 구원

본문 말씀
막 10:46-52

◆ 이룰 목표

- 신앙생활 가운데 나타나는 장애와 난관을 극복하는 믿음을 배운다.
- 구원받을 만한 믿음에 대해 배우고 실천한다.

◆ 본문 살피기

- 바디매오는 무슨 말을 듣고, 뭐라고 소리 질렀습니까?(46-47절)
- 많은 사람의 '잠잠하라'는 꾸짖음에 바디매오는 어떻게 했습니까?
  (48-49절)
- 예수님은 바디매오의 무엇을 보시고 구원하셨습니까?(50-52절)

소그룹예배 인도 순서

사도신경	다 같이
찬 송	542장(통 340)
기 도	회원 중
본문 말씀	막 10:46-52
새길 말씀	막 10:52
헌금 찬송	357장(통 397)
헌금 기도	회원 중
주기도문	다 같이

말씀 나누기

당시 유대 사회에서 시각장애인은 대부분 남에게 빌어먹고 사는 거지 생활을 할 수밖에 없었습니다. 이는 대부분 직업이 육체적인 노동을 요구했기에 신체가 온전치 못한 시각장애인이 할 수 있는 일은 거의 없었기 때문입니다. 더구나 '하나님의 저주를 받은 자'로 정죄하는 풍조마저 있었기 때문에 (요 9:2), 그들이 일반인들과 함께 생활한다는 것은 거의 불가능했습니다. 본문에 등장하는 시각장애인 바디매오 역시 바로 그러한 처지에 빠져 몹시 고통당하다가 극적으로 주님을 만나 완전히 새로운 삶을 찾게 된 인물입니다. 그러면 예수님께서 바디매오의 어떤 모습을 보시고 "네 믿음이 너를 구원하였느니라"고 응답하셨는지 본문을 통하여 살펴보겠습니다.

1. 간절한 부르짖음입니다

"다윗의 자손 예수여 나를 불쌍히 여기소서"(47절)라는 바디매오의 간절한 부르짖음은 오히려 반대와 꾸짖음만 돌아왔습니다. 그럼에도 불구하고 바디매오는 더욱 크게 소리질러 부르짖었습니다. 그만큼 바디매오는 간절하다 못해 절박했습니다. 이런 간절한 부르짖음이 지나가시던 예수님의 발걸음을 멈추게 했습니다. 그의 간절하고 끈질긴 믿음의 간구는 '강청하는 친구의 비유'(눅 11:5-8)에서의 모습을 연상하게 합니다. 더욱이 바디매오는 예수님께 메시아의 칭호인 "다윗의 자손"(47절)이란 호칭을 사용했습니다. 이는 예수님의 수난 예고를 이해하지 못하는 제자들의 무지한 상태와는 극명하게 대조되고 있습니다(막 10:32-45). 이는 예수님에 대한 바른 지식을 보여 주는 것으로 바른 신앙의 원동력이 되는 것입니다. 즉 믿음은 들음에서 나는 것입니다(롬 10:17). 이처럼 바디매오가 간절히 부르짖을 수 있었던 믿음의 근거는, 실로암 치유 사역과 여러 시각장애인을 치유하신 예수님에 대한 소문을 들음에서 시작되었음을 짐작할 수 있습니다(요 9:1-41). 믿음의 사람은 문제를 만나면 간절히 부르짖습니다.

"내가 너희에게 말하노니 비록 벗됨으로 인하여서는 일어나서 주지 아니할 시라도 그 간청함을 인하여 일어나 그 요구대로 주리라"(눅 11:8)

2. 난관을 극복하고 끝까지 따랐습니다

진정한 믿음은 어떠한 장애와 난관에 직면하더라도 절대로 포기하거나 좌절하지 않는 열심과 끈기를 발휘하게 합니다. 바디매오가 주위 사람들의 반대와 꾸짖음에도 불구하고 더욱 적극적이고 간절한 태도로 예수님의 도우심을 호소할 수 있었던 이유는 나를 구원해 주실 분은 '오직 예수님밖에 없다'라는 진정한 믿음을 갖고 있었기 때문입니다. 그 증거가 예수님이 '너를 부르신다'는 사람들의 말에 겉옷을 내버리고 뛰어 일어나 나갑니다(50절). 맹인 거지 바디매오에게 겉옷은 생명과 전 재산과 같은 것입니다. 그러나 주님의 부르심에 옛 겉옷을 벗어버리고, 새 삶의 결단으로 뛰어나간 사실입니다(엡 4:22-24). 그리고 고침 받은 후 "예수를 길에서 따르니라"고 기록하고 있습니다(52).

신앙생활 가운데 있는 고난과 시험은 나의 믿음을 정확히 볼 수 있게 합니다. 진정 하나님이 원하시는 믿음의 분량인지 아닌지는 평안할 때가 아니라 고난 가운데 드러납니다.

"너희는 유혹의 욕심을 따라 썩어져 가는 구습을 따르는 옛 사람을 벗어버리고 오직 너희의 심령이 새롭게 되어 하나님을 따라 의와 진리의 거룩함으로 지으심을 받은 새 사람을 입으라"(엡 4:22-24)

3. 주님의 사랑과 은혜였습니다

예수님은 십자가의 고난을 향해 가는 도중에서도(32-45절), 불쌍한 바디매오를 외면치 않으시고 돌아보시며 그의 구원 요청에 응답하셨습니다. 이는 인간의 영적 해방은 물론 모든 질고를 해결하기 위해 오신 메시아의 사랑을 보여 주신 것입니다. 그래서 마태복음에서는 같은 구원 사건을 바디매오의 믿음보다 '불쌍히 여기시는 주님의 사랑과 은혜' 때문이라고 기록하고 있습니다(마 20:34).

우리의 믿음이 아무리 크다고 하지만 하나님의 선행적 사랑과 은혜가 없었다면 믿음 역시 있을 수 없습니다(엡 2:8-9). 그래서 사도 바울 역시 "나의 나 된 것은 다 하나님의 은혜"라고 고백하고 있습니다(고전 15:10). 이 고백이 우리의 고백이 되어야 합니다.

"예수께서 불쌍히 여기사 그들의 눈을 만지시니 곧 보게 되어 그들이 예수를 따르니라"(마 20:34)

말씀 실천하기
• 간절한 기도와 부르짖음을 위하여 구체적으로 어떤 계획을 세우겠습니까?
• 한 주간 어떻게 시험과 난관을 극복하며 승리의 삶을 살겠습니까?

합심 기도하기
• 어떠한 시험과 고난이 와도 오직 믿음으로 승리하게 하소서.
• 주님의 사랑과 은혜를 늘 깨달으며 실게 하소서.

믿음이 없이는 하나님을 기쁘시게 못하나니
하나님께 나아가는 자는 반드시 그가 계신 것과
또한 그가 자기를 찾는 자들에게 상 주시는이심을
믿어야 할지니라

— 히 11:6

하나님나라 백성들의 영성 – 사역편

바이블 루트

5

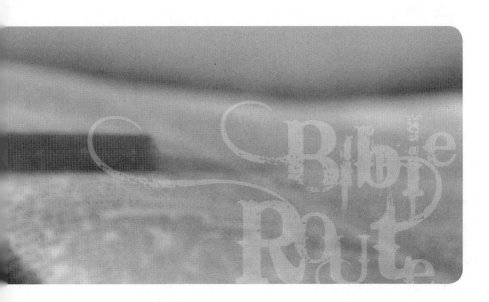

33 세리장 **삭개오**의 회심

본문 말씀
눅 19:1-10

◆ 이룰 목표

- 주님의 부르심 앞에 어떻게 반응할 것인지 배운다.
- 주님이 원하시는 진정한 회심이 무엇인지를 배우고 실천한다.

◆ 본문 살피기

- 삭개오는 어떤 사람이며, 예수님을 보고자 어떻게 했습니까?(1-4절)
- 예수님의 부르심 앞에 삭개오는 어떻게 반응했습니까?(5-8절)
* 삭개오의 진정한 회심으로 받은 응답은 무엇입니까?(9-10절)

소그룹예배 인도 순서

사도신경	다 같이
찬 송	450장(통 376)
기 도	회원 중
본문 말씀	눅 19:1-10
새길 말씀	눅 19:8
헌금 찬송	278장(통 336)
헌금 기도	회원 중
주기도문	다 같이

말씀 나누기

본문은 사복음서 가운데 오직 누가복음에만 기록하고 있는 사건으로 예수님이 여리고에 사는 세리장 삭개오의 집에 유하신 모습을 소개하고 있습니다. 당시 죄인의 대명사처럼 여겼던 세리의 집에 들어가신 것도 파격적인 일인데, 주님께서는 삭개오의 집에 구원을 선포하시며, 그를 아브라함의 자손으로까지 인정해 주셨습니다.

수난의 장소인 예루살렘으로 입성하시기

위하여 가시던 도중 여리고 가까이 와서 이렇게 세리장이었던 삭개오의 회심과 구원 사건을 다룬 것은 본서의 중심 주제인 '예수님의 소외된 자들에 대한 사랑과 관심'을 잘 보여 주고 있습니다. 동족으로부터 죄인 취급을 받으며 배척받았던 세리장 삭개오에 대한 주님의 사랑과 관심이 잘 드러나 있습니다. 이러한 놀라운 은혜와 복이 어떻게 삭개오에게 임하였는지 살펴보겠습니다.

1. 열심과 열정이었습니다

세리장이고 부자였던 삭개오는 그의 인생의 근본문제를 해결하기 위하여 예수님 보기를 간절히 소원했습니다. 당시 세리는 세금을 징수하는 직업으로 그들은 같은 민족의 백성들을 착취하여 많은 세금을 거두어들여 일부는 로마에 바치고, 나머지는 자신이 소유하여 대체로 부유한 생활을 했습니다. 그러나 참된 만족을 찾지 못하고, 불안과 죄책감을 안고 살 수밖에 없었습니다.

삭개오는 예수님에 대한 소문을 듣고 예수님을 뵙고자 했지만 볼 수가 없었습니다. 사람들이 너무 많았고, 더욱이 그는 키가 작았습니다. 하지만 그의 열심과 열정은 이러한 장애쯤은 문제가 되지 않았습니다. 그는 예수님이 지나가시는 길에 있는 돌무화과나무에 올라가 기다렸고, 이것이 곧 예수님과 만날 수 있는 단초가 되었습니다. 이러한 열심과 열정을 가진 사람을 주님은 만나주십니다(잠 8:17).

"나를 사랑하는 자들이 나의 사랑을 입으며, 나를 간절히 찾는 자가 나를 만날 것이니라."(잠 8:17)

2. 부르심에 즉각 응답했습니다

삭개오의 마음을 아신 예수님은 "삭개오야 속히 내려오라 내가 오늘 네 집에 유하여야 하겠다"라고 하셨습니다. 그때 삭개오는 급히 내려와 기쁜 마음으로 주님을 영접하게 되었습니다. 이 말씀을 통하여 삭개오가 예수님을 보고자 했던 마음이 얼마나 큰지를 알 수 있습니다. 단순히 호기심에서 '예수님은 어떤 분인가?' 보려고 했던 것이 아닙니다. 삭개오는 감히 청할 수는 없었지만 예수님을 영접하고자 하는 간절한 마음이 있었습니다.

삭개오는 오직 주님의 능력만이 인생의 근본문제를 해결할 수 있고, 구원받을 수 있다는 것을 믿었기 때문에 주님의 부르심에 즉각 응답할 수 있었습니다. 안타깝게도 현대 많은 그리스도인은 주일 예배를 통해 주님을 만나는 것이 아닌, 형식적인 종교 생활로만 만족하기도 합니다. 그러나 지금도 주님은 우리를 부르시고 계십니다(계 3:20).

"볼지어다 내가 문 밖에 서서 두드리노니 누구든지 내 음성을 듣고 문을 열면, 내가 그에게로 들어가 그와 더불어 먹고 그는 나와 더불어 먹으리라"(계 3:20)

3. 회심의 열매를 맺었습니다

삭개오는 예수님이 무슨 말씀을 하시기 전에 자신의 재산 절반을 가난한 자들에게 나누어 주고, 또 남의 것을 토색한 것이 있다면 4배로 갚겠다고 고백을 통해 주님의 뜻을 헤아려 실천하는 삭개오의 믿음을 볼 수 있습니다. 이 모습은 자기의 행위만을 자랑하고 주님의 뜻은 외면했던 한 부자 청년과 대조적인 모습을 보입니다(마 19:16-22). 회개는 일시적 감정에 치우쳐 후회하는 정도를 말하는 것이 아닙니다(마 7:21). 진정한 회심과 회개는 합당한 열매를 맺어야 합니다(요 15:5).

예수님을 영접하여 자기 집으로 모신 삭개오는 지금까지의 잘못을 바로잡기 위해 '회개의 진정한 표시'로 재산을 포기하는 결단을 했습니다. 이처럼 회개는 강압으로 인해 억지로 하는 것이 아니라 하나님의 은혜에 감격하여 자발적으로 나타나게 되는 것입니다. 그 결과 삭개오는 진정한 구원의 복을 누리게 되었고, 아브라함의 참된 자손이 되었습니다(9절). 삭개오의 회심은 하나님과의 수직 관계 회복은 물론 이웃과의 수평 관계도 회복하였습니다. 결국 주님을 통한 인간의 회복은 그저 지식과 이론으로만 가능한 것이 아니라 전인적, 실천적 회복임을 보여 주고 있습니다.

"나더러 주여 주여 하는 자마다 다 천국에 들어갈 것이 아니요 다만 하늘에 계신 내 아버지의 뜻대로 행하는 자라야 들어가리라"(마 7:21)

말씀 실천하기
• 신앙의 열심과 열정을 회복하기 위해 구체적으로 어떤 계획을 세우겠습니까?
• 주님을 바르게 영접하기 위하여 무엇부터 실천하겠습니까?

합심 기도하기
• 첫 신앙의 열심과 열정으로 헌신하게 하소서.
• 모든 신앙생활 속에서 회개에 합낭한 얼매 맺게 하소서.

34 부활의 첫 증인 막달라 마리아

본문 말씀
요 20:1-18

◆ 이룰 목표

- 끝까지 따르는 신앙이 무엇인가 배우고 실천한다.
- 맡겨진 사명을 어떻게 감당할 것인가 배우고 실천한다.

◆ 본문 살피기

- 마리아는 언제 돌이 무덤에서 옮겨진 것을 보았고,
  누구에게 알렸습니까?(1-10절)
- 마리아는 두 제자가 보지 못한 것을 보았는데 그것은 무엇입니까?
  (11-13절)
- 마리아는 어떻게 부활하신 예수님을 알게 되었고,
  누구에게 전했습니까?(14-18절)

소그룹예배 인도 순서

사도신경 다 같이
찬 송 379장(통 429)
기 도 회원 중
본문 말씀 요 20:1-18
새길 말씀 요 20:18
헌금 찬송 401장(통 457)
헌금 기도 회원 중
주기도문 다 같이

말씀 나누기

본문에 의하면 부활하신 예수님을 처음으로 목격한 사람은 막달라 마리아였습니다. 물론 2절의 '우리가'란 표현이 보여 주듯이 예수님의 무덤까지 간 여인들은 더 있었습니다(눅 23:55-24:1). 하지만 이들 가운데 예수님의 부활을 가장 먼저 목격한 사람은 막달라 마리아임이 분명합니다. 왜냐하면 마가역시 이와 동일한 증언을 하고 있기 때문입니다(막 16:9). 그러면 예수님은 왜 막달라 마리아에게 제일 먼저 당신의 부활체를 보이셨는지 말씀을 통하여 살펴보겠습니다.

1. 예수님을 끝까지 따랐습니다

일찍이 일곱 귀신에게 고통받을 때 예수님께 고침을 받은 후(눅 8:2), 그 은혜를 잊지 않고 줄곧 주님을 따랐던 마리아는 주님의 십자가 아래 까지 함께했습니다(마 27:56). 그리고 안식 후 첫날 일찍이 여인들과 함께 향품을 가지고 예수님의 무덤에 찾아갔습니다(막 16:1-3). 마리아로부터 예수님의 시신이 없어졌다는 소식을 듣고 무덤까지 왔던 베드로와 요한은 예수님의 시신이 없어진 것을 확인하고 곧 돌아갔습니다(10-11절). 하지만 그녀는 그 자리에서 울면서 끝까지 떠나지 않고 있었습니다. 그리고 무덤 안을 들여다보았습니다. 마리아가 얼마나 예수님을 간절히 사모했는지를 알 수 있습니다. 제자들은 돌아갔지만, 끝까지 남아 주님의 시신을 찾으려는 그 사랑이 제자들은 보지 못한 천사들을 보게 되는 은 혜를 경험하게 되었습니다.

예수님을 믿고 사랑하며 끝까지 따랐지만 '예수님이 죽었다'라고 생각되는 상황에서도 따른다는 것은 결코 쉬운 일이 아닙니다. 그리스도인들 중에는 자신의 일에 조금이라도 주님께서 침묵하시면, 원망하며 불평하는 이들도 있습니다. 이 모습과 너무나 큰 대조를 이루는 것을 보게 됩니다. 맡은 자의 구할 것은 충성입니다(고전 4:2). 충성은 어떠한 상황 속에서도 죽도록, 끝까지 가는 것입니다(계 2:10). 결국 이러한 마리아의 신앙이 부활의 첫 증인이 되는 영광을 얻게 된 것입니다.

"너는 장차 받을 고난을 두려워하지 말라 볼지어다 마귀가 장차 너희 가운데에서 몇 사람을 옥에 던져 시험을 받게 하리니 너희가 십일 동안 환난

을 받으리라 네가 죽도록 충성하라 그리하면 내가 생명의 관을 네게 주리라"(계 2:10)

2. 천사들을 통해 부활 소식을 들었습니다

끝까지 무덤을 지킨 마리아는 천사들을 보았고, 또한 음성을 듣게 되었습니다(12-13절). 그것은 확실히 충격적인 소식이었으며 상식적으로는 도저히 믿기지 않는 일이었습니다. 이같이 하나님의 역사는 인간의 상식을 초월하기도 합니다. 특별히 그리스도의 부활은 기독교 신앙의 독특성과 유일성의 근거가 됩니다.

이 부활 소식을 들은 마리아는 믿어지지 않았습니다(15절). 그러나 천사들의 음성을 들음으로(롬 10:17), 결국 부활하신 예수님께 인도함을 받게 되었습니다. 비록 더디 믿음으로 예수님을 동산지기인 줄 착각하였지만, 그만큼 인간의 '죽음이라는 고정관념의 벽'을 넘지 못한 한계를 보시고 주님께서는 마리아를 부르심으로(은혜) 확신에 자리에 이르게 하셨습니다(16-17절). 마리아에게 천사들의 음성과 주님의 음성이 없었다면 부활의 첫 증인이 되는 영광에 이를 수 없었을 것입니다. 이처럼 주 앞에 설 때까지 우리를 인도하시는 하나님의 말씀에 늘 귀 기울여야 합니다(시 119:105).

"그러므로 믿음은 들음에서 나며 들음은 그리스도의 말씀으로 말미암았느니라"(롬 10:17)

3. 자신의 사명을 잊지 않았습니다

예수님의 시신이 없음을 확인한 마리아는 즉시 제자들에게로 달려가 이를 알렸습니다(2절). 또한 부활하신 예수님을 만난 후에도 제자들을 잊지 않고 찾아가 이 기쁜 소식을 알려 주었습니다(18절). 천사들로부터 부활 소식을 전해 들은 다른 여인들이 무서워 떨며 말을 못 할 때(막 16:8), 막달라 마리아는 슬퍼하며 울고 있을 제자들과 믿음의 형제들을 찾아가 부활의 기쁜 소식을 알렸습니다(막 16:10). 일반적으로 이러한 특별한 영적 체험을 하게 되면 베드로처럼 안주하려는 모습(막 9:5)과 자기도 모르는 사이에 우쭐대고 교만에 빠져 질서도 모르고 교회를 어지럽히는 경우가 있는데(고전 14:33), 마리아는 내게 이런 은혜를 주신 까닭이 무엇인지 정확히 알고 그 사명을 겸손히 감당했습니다.

깨달은 자들의 책임은 그 깨달은 바를 알지 못하는 사람들에게 전하고 가르치는 것입니다. 그리고 은혜를 알고 사랑을 아는 사람들은 부지런히 주의 은혜를 전파하고, 사랑을 실천함으로 증거자의 사명을 감당해야 합니다. 증거 하는 삶이 바로 주님의 제자 된 모습입니다. 그러므로 주님은 자신의 사명을 잊지 않은 마리아에게 가장 먼저 당신의 부활하신 모습을 보이셔서 그녀로 하여금 주님의 부활 소식을 전하도록 하셨습니다.

"하나님은 무질서의 하나님이 아니시오 오직 화평의 하나님이시니라"(고전 14:33)

말씀 실천하기
- 주님을 끝까지 따르기 위해 어떤 계획을 세우겠습니까?
- 맡겨진 사명을 감당하기 위하여 어떻게 실천하겠습니까?

합심 기도하기
- 어떠한 고난과 상황 속에서도 끝까지 주를 따르게 하소서.
- 맡겨진 사명 하나님이 공급하시는 힘으로 겸손히 감당하게 하소서.

35 혈루병 여인의 치유역사

본문 말씀
막 5:25-34

◆ 이룰 목표
- 혈루병 여인의 치유 역사의 과정을 배운다.
- 혈루병 여인을 통하여 가르치신 주님의 뜻이 무엇인지 배우고 실천한다.

◆ 본문 살피기
- 혈루증을 앓던 여인이 어떻게 예수님을 믿게 되었습니까?(25-27절)
- 혈루병 여인의 믿음의 행동과 예수님의 반응은 어떠했습니까?
  (27-32절)
- 혈루병에서 치유 받은 여인의 고백과 예수님의 대답은 무엇입니까?
  (33-34절)

소그룹예배 인도 순서

사도신경	다 같이
찬 송	250장(통 182)
기 도	회원 중
본문 말씀	막 5:25-34
새길 말씀	막 5:34
헌금 찬송	471장(통 528)
헌금 기도	회원 중
주기도문	다 같이

말씀 나누기

혈루병에 걸린 여인이 자신의 질병을 고쳐 보고자 애썼으나 전혀 소용이 없었던 절망적인 상황에서(26절) 예수님을 만남으로 극적인 치유의 역사가 일어났습니다. 혈루증은 피가 멈추지 않고 계속 하혈하는 병으로 여자로서는 치명적인 질병입니다. 따라서 유대인들은 이를 부정한 병으로 규정하여 성전 출입과 다른 사람들과의 접촉도 금했고(레 15:25-30), 고칠 수 없는 불치의 병으로 간주했습니다.

그러나 열두 해를 혈루증으로 앓던 여인은 '옷에만 손을 대어도' 라는 믿음을 가지고 자신의 병을 깨끗이 치유 받았습니다. 그리고 주님께 칭찬까지 들었습니다(34절). 예수님이 즉시 여인의 병을 치유하신 깊은 뜻이 무엇인지 살펴보겠습니다.

1. 놀라운 믿음에 있었습니다

혈루증을 앓던 여인은 '옷에만 손을 대어도'(28절) 구원을 받으리라는 놀라운 믿음을 갖고 있었습니다. 이런 믿음은 주님의 치유하심을 확신했기 때문이기도 합니다. 이 믿음은 예수의 소문을 듣는 데서 시작되었고(롬 10:17), 예수님께 나가는 행동하는 믿음이었습니다. 여인은 예수님 옷에 손을 대는 순간 치유 역사를 체험하게 되었습니다(약 2:22). 그러므로 이 사건은 여인과 같은 절망 가운데 있는 성도들에게 큰 희망과 위로의 말씀이 됩니다.

믿음이라고 다 같은 것은 아닙니다. 회당장 야이로는 어린 딸이 죽게 되었다고 '오셔서 그 위에 손을 얹으사 구원받아 살게 하소서'(막 5:23)하고 믿었습니다. 한 백부장은 하인의 중풍병을 고치기 위해 예수님께 찾아가 간구했을 때 '내 집에 들어오심을 감당하지 못하겠사오니 말씀으로만 하옵소서 그리하면 내 하인이 낫겠습니다'(마 8:8)라고 믿었습니다. 본문의 여인은 '옷에만 손을 대어도 구원을 받으리라' 고 믿었습니다. 이처럼 믿음의 고백은 다양하게 나타납니다. 이러한 다양한 믿음의 고백을 서로 인정하고 존중할 줄 아는 성숙함과 이성을 뛰어넘는 크고 놀라운 믿음이 우리 안에 있어야 합니다.

"네가 보거니와 믿음이 그의 행함과 함께 일하고 행함으로 믿음이 온전하

게 되었느니라"(약 2:22)

2. 치유하심을 고백하게 했습니다

은밀하게 행하려는 여인과 이를 드러내려는 예수님과의 실랑이가 계속
되는 가운데 제자들은 예수님의 판단에 이의를 제기하기까지 했습니다
(30-31절). 결국 여인은 두려워하여 떨며 주님 앞에 엎드려 모든 사실을
고백하게 됩니다. 왜 예수님은 여인에게 이루어진 일을 드러내어 고백하
게 했습니까? 그 이유는 첫째 여인에게 치유의 역사가 무엇 때문인지 알
려주기 위함이었습니다. 옷을 만져서가 아니라 "네 믿음" 때문이라고 정
확히 가르치셨습니다. 그리고 더 큰 복을 주시려고 고백하게 하셨습니다.
"평안히 가라 네 병에서 놓여 건강할지어다"(34절) 이는 육신의 질병뿐
만 아니라 영혼의 평안함까지 주시는 주님의 복된 선언입니다. 이것은 10
명의 문둥병자가 다 고침을 받았지만 돌아와 하나님께 영광 돌리고, 주님
께 감사한 사마리아 문둥병자에게 주셨던 말씀과 같습니다(눅 17:19).

둘째는 많은 무리와 제자들이 느끼도록 하기 위함입니다. 제자들의 말
처럼 많은 무리가 에워싸 미는 가운데 사람들이 예수님의 옷과 몸까지도
만졌을 텐데, 왜 여인에게만 능력이 나타났느냐는 것입니다. 우리는 가끔
'나도 봉사하고, 헌신하고, 예배하고, 기도하고, 교회도 열심히 다녔는데,
왜 내게는 복을 주시지 않는가?' 라고 낙심할 수 있습니다. 그러나 본문
말씀을 통하여 예수님이 원하시는 것이 무엇인지를 다시 한번 점검해야
합니다.

"그에게 이르시되 일어나 가라 네 믿음이 너를 구원하였느니라 하시더라"
(눅 17:19)

3. 모든 것이 하나님의 은혜였습니다

하나님의 선행적 은혜가 없었다면 열두 해 혈루증을 앓던 여인의 놀라운 믿음도, 그녀의 질병을 치유한 놀라운 역사도 없었을 것입니다. 여인은 절망 중에 소문을 듣고 찾아가 예수님의 옷에 손을 대었을 때, 은혜의 능력으로 치료받았습니다. 예수님은 '네 믿음이 너를 구원하였다' 라고 말씀하셨지만, 그 믿음도 '예수의 소문' 이라는 선행적 은혜가 없었다면 가질 수 없었습니다(엡 2:8).

전승에 의하면 이 여인의 이름이 '베로니카' 라고 전해지는데, 예수님께서 갈보리 언덕에서 십자가를 지시고 가시다가 쓰러지셨을 때 주님의 얼굴을 닦아 드렸다고 전해집니다. 이는 주님께 받은 은혜의 감격을 잊지 않고 살았음을 짐작할 수 있게 하는 모습입니다. 인생의 불행은 '잊을 것을 잊어버리지 못하고, 잊지 말 것을 잊어버리는 데 있다' 라고 합니다.

"그러나 내가 나 된 것은 하나님의 은혜로 된 것이니 내게 주신 그의 은혜가 헛되지 아니하여 내가 모든 사도보다 더 많이 수고하였으나 내가 한 것이 아니요 오직 나와 함께 하신 하나님의 은혜로라"(고전 15:10)

말씀 실천하기
- 나의 질병(문제)을 치유(해결) 받기 위하여 어떤 결단을 하겠습니까?
- 내게 주신 사명을 감당하기 위해 무엇부터 실천하겠습니까?

합심 기도하기
- 예수만이 나의 구원이요, 응답임을 믿고 고백하게 하소서.
- 하나님의 은혜로 사명 감당하게 하소서.

36 성령의 지시로 그리스도를 기다린
시므온

본문 말씀	◆ 이룰 목표
눅 2:25-35	- 영적으로 어두운 시기에도 의롭고 경건한 삶을 살아야 함을 깨닫는다.
	- 성령의 지시에 순종하는 삶을 산다.

◆ 본문 살피기

- 시므온을 어떤 사람으로 묘사하고 있습니까?(25절)
- 시므온은 성령님으로부터 어떤 지시를 받았습니까?(26절)
- 시므온은 아기 예수를 안고 무엇이라고 찬송했습니까?(30-32절)

소그룹예배 인도 순서

사도신경 다 같이

찬　　송 191장(통 427)

기　　도 회원 중

본문 말씀 눅 2:25-35

새길 말씀 눅 2:25

헌금 찬송 384장(통 434)

헌금 기도 회원 중

주기도문 다 같이

말씀 나누기

그리스도께서 이 땅에 태어나셨을 때 유대 민족은 로마의 지배를 받고 있었고, 정치적인 압제 가운데 구약 선지자들의 예언을 기초로 해서 그리스도를 대망하는 사람들이 많았습니다. 대제사장들과 서기관들을 비롯한 종교지도자들도 입술로는 그리스도가 오실 것을 기대한다고 하였지만, 실제로는 대부분 그리스도의 오심에 대해서는 별로 관심이 없었고 자신들의 기득권을 지키는 것에만 관심을 두고 있었습니다. 그래서 정작 예수님이 태어났을 때는 아기 예수를 알아보고 경배한 종교지도자들은 거의 없었습니다. 이러한 모습과는 달리 시므온은 아기 예수가 그리스도임을 한 눈에 알아보고 축복합니다. 시므온이 어떤 사람이었기에 그것이 가능했는지 살펴보겠습니다.

1. 의롭고 경건했습니다

성경은 시므온의 신분이나 직업 등 그의 배경에 대해서는 전혀 알려주고 있지 않으나, 그의 삶과 신앙의 모습은 언급하고 있습니다. 당시 대부분 종교지도자와 유대인들은 진심으로 하나님을 경외하며 따르기보다는 율법의 형식과 관습에 얽매인, 외식하는 신앙생활을 했습니다. 영적으로 어두운 시기였지만 시므온은 의롭고 경건했습니다(25절). 여기서 '의롭고'의 의미는 하나님의 법을 준수하며 정직하게 살았다는 뜻이고, '경건한'의 의미는 하나님을 경외하고 헌신하는 삶을 살았다는 뜻입니다. 시므온의 경건한 모습은 구약에서 예언하고 있는 메시아의 도래를 통한 이스라엘의 위로(사 40:1, 49:13)를 간절히 기다리는 모습으로도 드러납니다.

종종 하나님 앞에 바르지 않는 자신의 모습을 악한 세상 탓으로 돌리는 사람들이 있습니다. 악한 세상과 문화가 우리의 신앙생활에 악영향을 줄 수 있지만 그렇다고 그것이 자신의 불의하고 불경건한 삶에 대한 변명이 될 수는 없습니다. 악한 세상에서도 하나님의 백성들은 여전히 하나님을 믿고 신뢰함으로 의롭고 경건하게 살아야 합니다.

"여호와는 의로우사 의로운 일을 좋아하시나니 정직한 자는 그의 얼굴을 뵈오리로다"(시 11:7)

2. 성령이 함께 하시는 삶을 살았습니다

시므온은 의롭고 경건할 뿐 아니라, 성령이 그 위에 계셨습니다(눅 2:25). 여기에 '계시더라'는 시므온 위에 한두 번 성령이 임한 정도가 아니라 '계속해서 머물러 있음'을 의미합니다. 즉, 시므온은 성령이 늘 함께하는 사람이었음을 알려줍니다. 이것은 당시의 시대적 상황을 고려해 볼 때 놀랄만한 일입니다. 왜냐하면 이때는 이스라엘에게 있어서 영적 암흑기이고, 또한 오순절 성령강림 사건이 일어나기 전이기 때문입니다. 그런데 출생도, 신분도, 직업도 정확히 알 수 없는 시므온 위에 성령이 계속 머물러 있었다는 것은 특별한 일입니다.

오늘날 그리스도인들은 모든 믿는 자에게 성령이 임하시는 은혜의 시대, 성령의 시대를 살고 있습니다. 그러므로 당연히 성령이 함께하시는 삶을 살아야 합니다. 그러나 한때 성령으로 충만하여 열정적으로 주님을 섬기며 살다가 성령의 은혜를 지속하지 못하고 육신의 정욕과 안목의 정욕과 이생의 자랑을 추구하며 살아가는 그리스도인 많이 있습니다. 성령의 임재를 경험한 사람도 성령님이 늘 함께 해주시는 삶을 살기 위해서는 성령을 근심케 하거나(엡 4:30), 성령을 소멸하는 죄를 짓지 않도록 유의해야 합니다(살전 5:19).

"하나님의 성령을 근심하게 하지 말라 그 안에서 너희가 구원의 날까지 인치심을 받았느니라"(엡 4:30)

3. 구체적인 성령의 지시를 받고 순종했습니다

시므온은 그리스도를 보기 전에는 죽지 않을 것이라는 구체적인 지시를 받을 정도로 성령님과 친밀한 관계를 갖고 살았습니다(26절). 뿐만 아니라 성령의 인도로 성전에 들어갔을 때, 마침 아기의 부모가 율법이 정한 대로 행하려고 아기 예수를 데리고 들어온 것과(27절), 아기 예수를 알아보고 하나님을 찬송하는 구체적인 내용(27-32절)이 기록되어 있습니다. 그리고 어머니 마리아에게 아기 예수의 미래에 관해서 이야기하는 내용을(34-35절) 통해 시므온은 성령의 지시를 한두 번 받은 것이 아님을 짐작할 수 있습니다.

시므온은 성령의 지시를 받은 것으로 끝나지 않고, 그것을 마음에 새기고 성령의 지시에 순종하기 위해 예루살렘을 떠나지 않고 그리스도의 나심을 기다렸습니다. 순종의 결과 그는 실제로 아기 예수를 눈으로 보게 되는 약속의 성취를 경험했습니다.

"주의 사자가 빌립에게 말하여 이르되 일어나서 남쪽으로 향하여 예루살렘에서 가사로 내려가는 길까지 가라 하니 그 길은 광야라"(행 8:26)

말씀 실천하기
• 의롭고 경건하게 살아가는데 방해되는 것은 어떤 것이 있습니까?
• 성령의 지시를 듣고 순종하는 삶을 살기 위해 해야 할 것은 무엇입니까?

합심 기도하기
• 영적으로 어두운 시대에도 하나님 앞에서 늘 의롭게 경건하게 살게 하소서.
• 성령의 음성을 듣고 믿음으로 순종하여 하나님의 약속 성취를 맛보며 살게 하소서.

37 진리를 갈망하여 예수님을 찾아온
니고데모

본문 말씀
요 3:1-12

◆ 이룰 목표

- 진리에 대한 갈망의 중요성을 깨닫는다.

- 진리를 깨닫고 변화된 삶을 위해서 용기가 필요함을 깨닫는다.

◆ 본문 살피기

- 니고데모의 신분을 어떻게 소개하고 있습니까?(1절)

- 니고데모는 다른 바리새인들과 어떤 면에서 달랐습니까?(2절)

- 니고데모는 예수님의 말씀이 이해되지 않았을 때 어떻게 했습니까?(4절)

소그룹예배 인도 순서

사도신경	다 같이
찬 송	88장(통 88)
기 도	회원 중
본문 말씀	요 3:1-12
새길 말씀	요 3:2
헌금 찬송	95장(통 82)
헌금 기도	회원 중
주기도문	다 같이

말씀 나누기

니고데모는 '승리'와 '백성'의 단어가 합성된 이름으로 '승리한 백성' 또는 '백성의 정복자'의 뜻을 지닙니다. 그리고 니고데모는 그 이름대로 유대 사회에서 유력한 종교 및 사회의 지도층 인사였습니다. 그는 바리새인인 동시에 유대 최고의 중앙 의결기구와 사법재판 기구의 역할을 담당했던 산헤드린 공회 의원이었습니다(1절).

예수님 당시 대부분 바리새인은 예수님의

가르침을 겸손하게 받아들이는 것보다 거부하며 트집 잡기 일쑤였습니다. 그리고 기회만 있으면 예수님을 시험했습니다. 하지만 이런 바리새인들의 모습과 달리, 겸손한 마음으로 예수님을 찾아왔던 바리새인이 바로 니고데모입니다. 바리새인들의 집단적인 분위기와 압력에도 불구하고, 진리를 갈망하여 용기를 내어 예수님을 찾아왔던 니고데모에 대해 살펴보겠습니다.

1. 진리에 대한 갈망이 있었습니다

당시 다수의 바리새인은 율법의 진정한 의미를 파악하고 삶에서 실천하기보다는 형식과 외식에 치우친 율법주의자의 성향이 컸습니다. 니고데모는 본인이 바리새인이지만 그런 모습들을 보면서 유대교의 한계와 다른 종교지도자들에 대한 실망과 회의를 가졌을 가능성이 큽니다. 그런데 갑자기 예수라는 분이 나타나 여러 표적을 행하시며 신앙의 본질적인 모습에 대해서 가르침을 주는 것을 보고(요 2:13), 그는 예수님이 하나님으로부터 오셨음을 확신합니다(2절). 그래서 니고데모는 예수님 안에 있는 능력과 진리를 더 알고 싶은 갈망의 마음을 가지게 되었습니다.

신앙생활에 있어서 가장 중요한 것 중의 하나가 바로 하나님과 진리에 대한 갈망입니다.

"하나님이여 주는 나의 하나님이시라 내가 간절히 주를 찾되 물이 없어 마르고 황폐한 땅에서 내 영혼이 주를 갈망하며 내 육체가 주를 앙모하나이다"(시 63:1)

2. 용기를 내어 예수님을 찾아갔습니다

무엇인가를 마음으로 원하는 것과 그것을 얻기 위해서 행동으로 옮기는 것은 다릅니다. 니고데모는 진리에 대한 갈망을 해결하기 위해 행동을 취했습니다. 바로 참 진리를 가르쳐 주실 수 있는 예수님을 밤중에 찾아왔습니다(2절). 만약 니고데모가 예수님을 만나는 것이 바리새인들에게 알려지면 따돌림을 당하거나 이때까지 자신이 쌓은 지위를 한순간에 잃을 수 있기에, 그는 가능하면 사람들 눈에 띄지 않기 위해 밤중에 예수님을 찾아간 것입니다.

예수님은 니고데모의 영적 갈증과 참 진리에 대한 간절한 마음을 알아보시고, 중생의 진리를 알려주려고 하셨습니다(3절). 그러나 니고데모는 랍비였음에도 불구하고 그 말씀을 전혀 이해할 수 없었습니다. 그는 그 말씀을 깨닫고자 다시 용기를 내어 예수님께 어린아이와 같이 질문을 합니다(4절). 그 후에도 니고데모는 예수님께 '이스라엘의 선생으로서 이러한 것들을 알지 못하느냐?'라는 책망을 들으면서도 말씀을 깨닫기 위해 계속 질문을 했습니다(10절).

참 신앙은 길이요 진리요 생명이신 예수님을 인격적으로 만나 거듭남을 체험할 때 시작합니다. 예수님을 진정으로 만나기 위해서는 주변의 압력과 현실적인 불이익도 감수할 수 있고, 자신의 체면과 자존심도 내려놓을 수 있는 용기가 필요합니다.

"예수께서 이르시되 내가 곧 길이요 진리요 생명이니 나로 말미암지 않고는 아버지께로 올 자가 없느니라"(요 14:6)

3. 담대히 자신의 신앙을 드러냈습니다

니고데모가 예수님과의 만남을 통해 참된 믿음을 가졌다고 볼 수 있는 근거는 예수님을 만난 이후에 변화된 그의 태도를 보면 알 수 있습니다. 요한복음 7장에, 대제사장들과 바리새인들이 모여 예수님과 예수님의 가르침에 미혹되는 사람들을 보며 저주하는 장면이 나옵니다. 그때 니고데모는 "우리 율법은 사람의 말을 듣고 그 행한 것을 알기 전에 심판하느냐"(요 7:51)며 드러내놓고 예수님을 변호했습니다. 뿐만 아니라 예수님이 십자가에 못 박혀 돌아가셨을 때, 제자들을 포함해서 예수님을 따르던 사람들은 자신도 잡혀 죽을 수 있다는 두려움으로 다 흩어졌습니다. 그때 니고데모는 자신의 믿음이 드러나는 것을 두려워하지 않고, 예수님의 시신을 장사하는데 필요한 비싼 향유를 가져옵니다(요 19:30-40).

니고데모는 처음에는 유대인의 따돌림과 지위의 박탈을 두려워하여 밤중에 예수님을 찾아왔지만, 나중에는 불이익과 박해의 위협에도 불구하고 드러내놓고 예수님을 변호하고 장례를 치르는 담대한 신앙인의 모습으로 변화되었습니다. 이런 니고데모의 모습은 세상과 타협하여 미지근한 신앙생활을 하는 라오디게아 교회 성도와 같은 현대 그리스도인들에게 도전을 줍니다.

"빌기를 다하매 모인 곳이 진동하더니 무리가 다 성령이 충만하여 담대히 하나님의 말씀을 전하니라"(행 4:31)

말씀 실천하기
• 하나님과 진리에 대한 갈망의 마음을 유지하고 있습니까?
• 체면과 주변의 압력에도 참된 신앙생활을 위해 용기를 내기 원합니까?

합심 기도하기
• 늘 하나님과 진리에 대해 갈망하는 마음을 가지고 살게 하소서.
• 진리와 참된 신앙을 위해서 체면과 자존심도 내려놓고, 주변의 압력과 현실적인 손해를 무릅쓰더라도 예수님을 순간순간 시인하며 신앙생활을 할 수 있는 용기를 주옵소서.

38 그리스도를 증거한 수가성의 사마리아 여인

본문 말씀
요 4:4-30

◆ 이룰 목표
- 육신의 갈증보다 영적인 갈증 해결이 중요함을 안다.
- 먼저 그리스도를 만난 자로서 그리스도를 전한다.

◆ 본문 살피기
- 예수님은 수가성의 여인에게 물보다 무엇이 더 필요함을 알려주고 계십니까?(13-14절)
- 수가성의 여인은 묻지 않고도 자신의 부끄러운 모습을 알고 계시는 예수님을 어떻게 생각합니까?(19절)
- 수가성의 여인은 예수님이 그리스도임을 발견하고 나서 즉각적으로 무엇을 합니까?(29절)

소그룹예배 인도 순서	
사도신경	다 같이
찬　　송	526장(통 316)
기　　도	회원 중
본문 말씀	요 4:4-30
새길 말씀	요 4:29
헌금 찬송	309장(통 409)
헌금 기도	회원 중
주기도문	다 같이

말씀 나누기

정통 유대인들은 북이스라엘이 앗수르에 멸망당한 뒤 사마리아인들이 순수한 혈통을 잃어버린 것과 또한 유대인들이 바벨론으로 끌려갔다가 귀환한 후 남유다 왕국을 재건하려고 했을 때 훼방을 놓은 이유 등으로 사마리아인들을 멸시하고 상종하지 않았습니다. 그러나 예수님은 당시 유대인들처럼 행동하지 않으셨습니다. 사마리아인들을 피하지 않으셨고, 오히려 그들에게도 복음을 전하고자 일부러 사마리아를 통과하는 길로 다니셨습니다(4절). 본문에서도 예수님께서 수가성의 한 무명의 사마리아 여인에게 복음을 전하시기 위해 다가가셨습니다(요 4:7). 이 여인은 물 길러 나왔다가 예수님과 대화하는 가운데 예수님이 그리스도이심을 깨닫고, 즉각적으로 동네 사람들에게 그리스도를 증거했습니다. 이번 과에서는 수가성의 여인이 예수님을 그리스도로 확신하게 되는 과정과 그 후 그녀가 보여준 즉각적인 모습을 살펴보겠습니다.

1. 육신의 갈증을 해갈하는 데 급급했습니다

수가성의 여인이 물 길러 나온 시각은 유대 시간으로 여섯 시이고, 오늘날로 하면 정오에 해당합니다. 이것은 그녀가 뜨거운 태양이 내리쬐는 시간에 우물가에 나와야 할 정도로 그 동네 사람들에게 기피 대상이거나 아니면 본인이 동네 사람을 피하고 있음을 보여줍니다. 그럼에도 갈증은 어쩔 수 없이 그녀를 우물가로 내몰았습니다. 그런데 이 여인은 단순히 물에 대한 갈증뿐 아니라 다른 육신의 갈증도 가지고 있었습니다. 과거에 남편이 다섯이나 있었고, 지금 함께 동거하고 있는 남자도 있다는 사실이 그녀가 또 다른 육신의 갈증을 해결하는데 급급한 삶을 살아왔다는 한 단면을 보여줍니다.

사람에게는 일반적으로 2가지 종류의 필요가 있습니다. 자신의 피부로 느끼는 당면한 필요(felt needs)와 그 사람의 진정한 필요(real needs)입니다. 이 여인에게는 물이나 남자를 통해 육신의 목마름을 해결하는 것이 당면한 필요였습니다. 그리고 이 여인에게 진정으로 필요한 것은 속에서 영원히 솟아나는 생수입니다. 예수님은 여인에게 잠시 갈증을 해갈시키는 물도 필요하지만 어떠한 상황과 환경 가운데에서도 영원히 솟아나는 참된 기쁨과 평안을 주는 생수가 필요함을 깨닫게 하고 그 생수를 주려고 하셨습니다. 이 생수는 가난한 자나, 부한 자나, 높은 지위에 있는 자나 이 여인처럼 비천한 자나 그 누구에게도 필요합니다.

"예수께서 서서 외쳐 이르시되 누구든지 목마르거든 내게로 와서 마시라 나를 믿는 자는 성경에 이름과 같이 그 배에서 생수의 강이 흘러나오리라 하시니"(요 7:37-38)

2. 영적인 갈증을 해갈하는 것에 관심을 가지기 시작했습니다

수가성의 여인은 예수님의 생수에 관한 이야기를 듣고 적극적으로 예수님께 질문을 하며 관심을 가지기 시작합니다. 그리고 그 생수를 갈망하며 자신에게도 그 생수를 달라고 요청합니다(15절). 하지만 이 여인은 아직도 예수님이 주시려는 생수가 영적인 것임을 깨닫지 못하고 있는 것입니다. 그것을 아신 예수님이 갑자기 "가서 네 남편을 불러오라"(16절)는 말씀을 하십니다. 그렇게 말씀하신 이유는 예수님께서 과거의 삶을 알 수 있는 영적 통찰력이 있음을 보여주기 위함입니다. 또한 이 여인이 숨기고 싶어 하는 죄의 문제를 드러내기 위함입니다.

수가성의 여인은 자신의 부끄러운 죄악이 드러났을 때 수치심 가운데 피하기보다도 오히려 예수님의 뛰어난 영적인 통찰력에 감복하여 이제는 자신 안에 있는 영적인 갈증을 해갈하는 데 관심을 가지고 대화를 나눕니다. 그녀는 평소에 예배에 관해 궁금해하던 것을 예수님께 내어놓습니다. 예수님은 여인이 궁금해하고 있는 '어디서 예배를 드려야 옳은지' 보다 더 본질적인 문제인 '누구에게 그리고 어떻게 예배를 드려야 하는지'에 대해서 알려줍니다. 즉, 예배는 영이신 하나님께 드리는 것이며, 그러기에 예배하는 자는 영과 진리로 예배해야 한다는 것입니다(24절). 예수님의 가르침에 여인은 예배에 대한 의문이 다소 풀렸는지, 메시아에 관해서 자신이 가지고 있던 생각과 기대의 마음도 예수님 앞에 내어놓습니다(25절). 그때 예수님은 자신이 바로 그 메시아임을 알려주십니다(26절). 그러자, 이 여인은 한 순간에 실타래가 풀리듯 예수님의 관한 것이 다 이해가 되면서 예수님이 그리스도이심을 확신하게 됩니다.

"위의 것을 생각하고 땅의 것을 생각하지 말라"(골 3:2)

3. 즉시 동네로 들어가 그리스도를 증거했습니다

자신이 만난 예수님이 그리스도임을 확신하게 된 수가성 여인은 너무 놀랍고 기쁜 나머지 그 즉시 '물동이를 버려두고' 동네로 들어갑니다. 물동이는 바로 그녀의 육신적인 갈증을 해소하기 위한 필수용품인데, 그것을 버려두고 갔다는 것은 더 이상 필요한 것으로 여겨지지 않았다는 것입니다. 그리고 그녀는 동네 사람들을 찾아가서 그리스도를 증거합니다. 동네 사람 중에는 분명 자기를 정죄하고 비웃고 조롱하는, 전혀 만나고 싶지 않은 사람들도 있었을 터인데, 그녀는 그것을 더 이상 개의치 않습니다. 왜냐하면 이 놀라운 소식을 혼자만 알고 있을 수 없었기 때문입니다. 자신의 삶을 잘 알고 있는 동네 사람들 앞에서 움츠러들 수 있는데, 이 여인은 그런 부끄러운 자신의 모습은 뒤로하고 확신에 찬 증거를 합니다. "와서 보라 이는 그리스도가 아니냐"(29절). 이 여인의 증거에서 고상하고 깊은 메시지를 멋있게 전하려는 화려함을 찾아볼 수 없습니다. 오히려 자신이 경험한 예수님에 대한 간단명료한 고백이 있을 뿐입니다.

구원받은 성도는 그 구원의 감격과 기쁨이 넘칠 때, 주저하지 말고 즉각적으로 자신을 알고 있는 사람을 찾아가 자신이 만난 예수 그리스도를 전해야 합니다. 화려하고 멋있게 전할 필요도 없습니다. 서툴러도 괜찮습니다. 자신이 만난 예수 그리스도를 전하면 됩니다.

"빌립이 나다나엘을 찾아 모세가 율법에 기록하였고 여러 선지자가 기록
한 그이를 우리가 만났으니 요셉의 아들 나사렛 예수니라"(요 1:45)

말씀 실천하기
- 나는 내 속에서 생수가 넘쳐흐르는 충만한 삶을 날마다 살고 있습니까?
- 생수를 주시는 예수님에 대해 내가 찾아가 전해야 할 사람은 누구입니까?

합심 기도하기
- 주님과 깊은 교제 가운데 영적으로 충만한 삶을 살게 하소서.
- 내가 만난 예수 그리스도를 주변 사람들에게 당당하게 증거하게 하소서.

39 예수님과 제자들을 섬긴 여인 마르다

본문 말씀
눅 10:38-42

◆ 이룰 목표

- 의무감이나 억지로가 아니라 자발적인 섬김의 삶을 시작한다.
- 예수님을 섬길 때 한결같은 모습으로 섬겨야 함을 깨닫는다.

◆ 본문 살피기

- 마르다는 예수님이 자신의 마을에 왔을 때 예수님을 위해 무엇을 했습니까?(38절)
- 마르다는 예수님을 자신의 집에 모셔놓고 왜 분주했습니까?(40절)
- 마르다는 마리아와 관련하여 예수님께 무엇을 요청합니까?(40절)

소그룹예배 인도 순서

사도신경 다 같이
찬　송 212장(통 347)
기　도 회원 중
본문 말씀 눅 10:38-42
새길 말씀 눅 10:38
헌금 찬송 333장(통 381)
헌금 기도 회원 중
주기도문 다 같이

말씀 나누기

마르다는 오빠 나사로와 여동생 마리아와 함께 예루살렘에서 약 3km쯤 떨어져 있는 베다니라는 작은 마을에서 살고 있었습니다. 이들 삼 남매는 예수님의 각별한 사랑과 관심을 받았습니다(요 11:5). 마르다는 그 이름의 뜻이 '여주인' 또는 '숙녀' 입니다. 그 이름에 맞게 마르다가 집안 살림을 도맡아 하고 있었던 것으로 보입니다. 뿐만 아니라 행로에 지친 예수님과 그 제자들을 집에 초대하여 여러 가지 음식을 만들어 대접하곤 했습니다. 이번 과에서는 섬김과 대접의 아이콘인 마르다의 삶의 모습을 살펴보겠습니다.

1. 자발적으로 예수님을 영접했습니다

예수님은 공생애 동안 한곳에 머무는 것이 아니라 이스라엘 전역을 다니며 복음을 전파하셨습니다(마 9:35). 그러다 보니 식사도 변변치 않았을 것이며, 잠을 청하실 때에도 길가나 광야 등 되는대로 주무셔야 했을 것입니다. 그래서 예수님은 "여우도 굴이 있고 공중의 새도 집이 있으되 인자는 머리 둘 곳이 없도다"(눅 9:58)라고 말씀하신 것입니다. 그러다가 간혹 동네에 들어갔을 때, 집으로 초대받아 식사도 하시고 그곳에 유하시기도 하셨습니다(마 21:17; 막 14:3; 눅 7:36).

마르다는 예수님이 베다니에 오시면 누구의 요청이나 강요에 의해서가 아니라 자발적으로 행로에 지친 예수님과 제자들을 자신의 집에 영접하고(눅 10:38; 요 12:2), 또한 음식을 대접했습니다. 순례 생활을 하던 예수님과 제자들이 가정에서 음식을 먹을 수 있다는 것은 분명 큰 기쁨과 위로가 되었을 것입니다.

섬김과 대접은 가난하고 필요가 있는 사람에게는 큰 위로와 격려가 됩니다. 또한 이러한 섬김은 강요나 의무감이 아닌 자발적으로 이루어질 때, 섬기는 자나 섬김을 받는 자 모두에게 기쁨이 되고 아름다운 관계가 지속됩니다. 마르다의 이런 자발적인 섬김과 대접은 칭찬받을만한 모습입니다.

"성도들의 쓸 것을 공급하며 손 대접하기를 힘쓰라"(롬 12:13)

2. 예수님께 정성으로 음식을 차려 드렸습니다

마르다는 예수님과 제자들 일행을 자신의 집에 영접하고 형식적으로 대충 대접한 것이 아닙니다. 자신이 존경하고 사랑하는 예수님을 집에 모셨기에 여러 가지 음식을 정성스럽게 만들어 대접하려고 했습니다.

그런데 동생 마리아는 이런 마르다의 마음을 헤아리지 못하고 전혀 도움을 주지 않고 예수님 발 앞에서 말씀만 열심히 듣습니다(39절). 그러다 보니 마르다는 혼자서 여러 가지 음식을 준비하느라 마음이 분주할 수밖에 없었습니다(40절). 흔히 이 장면에서 마르다와 마리아를 비교합니다. 마르다의 섬김은 폄하하고, 반대로 말씀을 경청한 마리아를 높이 평가하기도 합니다. 그러나 여기에는 다소 오해의 소지가 있습니다. 예수님은 마르다가 정성스럽게 손님 대접하는 것 자체를 야단치신 것이 아니라, 그것을 위해 많은 일로 염려하고 근심하는 것과 수고하는 자신을 부각시키며 도움을 주지 않는 마리아에 대해 불평하고 있는 그녀의 태도에 대해 예수님께서 말씀하신 것이었습니다. 이 부분에서 마르다가 잘못한 부분은 분명 있습니다. 섬김은 불평의 마음보다는 기쁜 마음으로 행해야 합니다. 하지만 정성스럽게 주님을 대접하려고 한 마르다의 모습 자체는 아름답습니다.

"부지런하여 게으르지 말고 열심을 품고 주를 섬기라"(롬 12:11)

3. 한결같이 예수님을 섬겼습니다

마르다는 예수님을 향한 애틋한 마음을 가지고 정성스럽게 음식을 준비하여 주님을 대접을 하고 싶었는데, 중간에 마리아를 향해 쏟아 놓았던 불평으로 주님께 칭찬보다는 충고의 말을 듣고 마음이 상했을 수도 있습니다. 또한 주님께 들은 핀잔으로 인해 더 이상 주님을 섬기고 싶지 않은 마음이 들 수도 있었을 것입니다. 그러나 마르다는 그렇지 않았습니다. 요한복음 12장에서, 예수님이 나사로를 살리신 후 마르다가 다시 예수님을 위해 큰 잔치를 배설하고 열심히 일하는 모습을 발견할 수 있습니다. 마르다는 전과 동일하게 한결같이 주님을 섬기고 있는 것입니다. 추측컨대 오히려 이번에는 기쁨과 감사로만 넘쳐 주님을 섬겼을 것입니다.

한 번 열심히 섬기는 것은 누구든지 할 수 있습니다. 그러나 힘이 들고 어려움이 닥치고 또 시험이 들어도 한결같이 섬기는 것은 아무나 할 수 있는 것이 아닙니다. 주님은 우리가 한결같이 충성스럽게 섬기기를 원하십니다.

"그리고 맡은 자들에게 구할 것은 충성이니라"(고전 4:2)

말씀 실천하기
- 나는 의무감에서 억지로 섬기고 있습니까? 아니면 자발적으로 섬기고 있습니까?
- 나는 어려운 일이 생기고 시험이 들어도 한결같은 모습으로 주님을 섬기고 있습니까?

합심 기도하기
- 주님과 교회와 성도를 섬길 때 기쁜 마음으로 자발적으로 섬기게 하소서.
- 주님이 맡겨주신 사역을 처음 주신 마음을 따라 한결같이 충성스럽게 섬기게 하소서.

40 예수님의 장례를 치러드린 아리마대 요셉

본문 말씀
마 27:57-61

◆ 이룰 목표
- 일상생활 속에서 손해가 나더라도 자신의 신앙을 드러내는 결단을 한다.
- 하나님이 허락하신 부와 지위를 주의 나라를 위해 사용한다.

◆ 본문 살피기
- 아리마대 요셉을 어떻게 소개하고 있습니까?(57절)
- 아리마대 요셉이 예수님의 장사를 치르기 위해서 무엇을 했습니까?(59-60절)
- 아리마대 요셉이 예수님의 장사를 치를 때 감수해야 하는 것은 어떤 것이 있었을까요?

소그룹예배 인도 순서	
사도신경	다 같이
찬 송	456장(통 509)
기 도	회원 중
본문 말씀	마 27:57-61
새길 말씀	마 27:59
헌금 찬송	543장(통 342)
헌금 기도	회원 중
주기도문	다 같이

말씀 나누기

예수님이 이 땅에서 사역하셨을 때 처음에는 열심히 예수님을 따라 다니다가 예수님의 말씀을 수용하기 힘들어 예수님을 떠나는 사람들이 많이 있었습니다(요 6:60-66). 반면에 처음에는 자신의 믿음을 숨기며 소극적으로 예수님을 따라 다녔지만, 결정적인 순간에 자신의 믿음을 드러내며 예수님을 섬겼던 사람들이 있습니다. 그 대표적인 사람이 바로 아리마대 요셉입니다. 이번 과에서는 예수님이 십자가에서 돌아가신 후에 자신의 믿음을 드러내고 예수님의 시체를 거두어 장사를 치른 아리마대 요셉에 대해 살펴보겠습니다.

1. 처음에는 예수님의 제자인 것을 드러내지 않았습니다

아리마대 요셉은 예수님이 십자가에 달려 돌아가시기 전까지 성경에 언급이 안 된 인물입니다. 예수님이 돌아가시고, 갑자기 아리마대 요셉이 예수님의 시신을 거두어 장사를 치르고 나서, 사복음서 쓴 기자들 모두 아리마대 요셉을 소개합니다. 그것을 종합해 정리하면 다음과 같습니다.

아리마대 요셉은 부자였고(마 27:57), 존경받는 산헤드린 공회원이었습니다(막 15:43; 눅 23:50). 그는 또한 구약의 예언을 따라 하나님의 나라를 기다리는 신앙을 가지고 있었습니다(막 15:43; 눅 23:51). 정확히 언제부터인지는 모르지만, 아리마대 요셉은 예수님의 행하시는 모습과 기적을 눈으로 목격했습니다. 또한 예수님의 가르침을 듣고 어느 순간 마음으로 믿고 따르는 제자가 되었습니다(마 27:57; 요 19:38). 그러나 당시 예수님은 제사장과 서기관 및 바리새인 등 종교지도자들로부터 대대적인 반대를 받았기에, 아리마대 요셉은 유대인들이 두려워 자신이 예수님의 제자라는 사실을 숨기며 신앙생활을 했습니다(요 19:38).

신앙이 어릴 때는 그 신앙으로 인해 받을 수 있는 부끄러움과 손해와 환난을 감수해야 할 때, 쉽게 자신의 신앙을 숨기게 됩니다. 오늘날에도 자신이 신앙인임을 숨기고 생활하는 사람들이 많습니다. 그러나 계속 그렇게 자신의 신앙을 숨기는 것은 자신뿐만 아니라 주님 앞에도 부끄러운 일입니다. 무엇보다 예수님 믿는 신앙을 숨기게 되면 신앙이 견고하게 성장할 수 없습니다.

"누구든지 이 음란하고 죄 많은 세대에서 나와 내 말을 부끄러워하면 인자도 아버지의 영광으로 거룩한 천사들과 함께 올 때에 그 사람을 부끄러워하리라"(막 8:38)

2. 결정적 순간에 자신의 신앙을 드러냈습니다

예수님의 십자가의 죽음은 아리마대 요셉의 소극적인 신앙에 큰 변혁을 주는 계기가 됩니다. 그는 산헤드린 공회원으로서 공회가 불법적으로 예수님에 대한 재판을 행하고, 충분한 죄목과 증거도 없이 무리를 충동질하여 예수님을 죽이려는 것을 보았습니다. 그럼에도 불구하고 털 깎는 자 앞에 있는 어린 양처럼 그 입을 열지 아니하시고(사 53:7), 묵묵히 십자가를 지시는 예수님의 용기 있는 모습과 십자가 위에서도 자신을 못 박는 사람들을 위해 기도를 드리시는 모습을 보게 되었습니다(눅 23:34). 그는 더 이상 숨어서 예수님을 믿고 따르는 정도의 신앙에 머무를 수 없었습니다. 그래서 여러 가지 불이익을 받더라도 이제는 드러내놓고 자신의 구주이신 예수님을 섬기며 살겠다고 결단했습니다. 이것은 지위를 박탈당하고, 재산을 몰수당하며, 출교까지도 감수해야 하는 위험이 따르는 일이었습니다(요 12:42). 그럼에도 그는 용기를 내어 예수님을 따르는 제자임을 드러냈습니다.

오늘날 성도들이 온실 속 화초처럼 환난과 어려움을 피해 편안하고 쉬운 신앙생활만을 추구하는 경향이 있습니다. 그런 과정에서 신앙의 야성을 잃어버리고 유약한 그리스도인으로 남게 됩니다. 절대로 바람직한 신앙인의 모습이 아닙니다. 참된 신앙인은 때로는 비바람이 세차게 몰아치는 상황에서도 뒤로 물러서지 않고 기꺼이 주를 위해 고난받고 기쁨으로 희생을 감수하는 신앙생활을 합니다(행 5:41).

"너는 그리스도 예수의 좋은 병사로 나와 함께 고난을 받으라"(딤후 2:3)

3. 자신의 지위와 부를 주를 위해 기꺼이 사용합니다

아리마대 요셉이 자신의 믿음을 드러내기로 결단하고 제일 먼저 행한 것은 예수님의 장례를 치르는 것입니다. 우선 빌라도를 찾아가 예수님의 시신을 자신에게 달라고 담대하게 요청했습니다(58절). 이것은 그가 당시 산헤드린 공회원의 한 명이었기 때문에 가능한 것이었습니다. 그는 그 과정 가운데 빌라도와 종교지도자들의 심기를 건드릴 수 있는 위험을 감수합니다. 예수님의 시체를 인계 받았을 때, 그는 미리 준비해간 깨끗한 세마포로 싸서(59절), 바위 속에 판 자신의 새 무덤에 안치했습니다(60절). 이것 또한 아무나 할 수 있는 것이 아닙니다. 당시 그가 부자였기 때문에 가능했고, 마침 자신에게 아무도 장사하지 않은 깨끗한 무덤이 있었기에 가능했습니다.

신앙생활은 시작도 중요하지만 끝이 중요합니다. 아리마대 요셉은 처음에는 예수님의 제자임을 드러내지 않고 따랐지만, 예수님의 십자가의 죽음을 목격한 이후에는 용기를 내어 자신의 믿음을 드러냈습니다. 그리고 하나님이 자신에게 허락하신 지위와 부를 예수님이 부활하실 때까지 그 시신을 안전하게 보관하는 귀중한 일에 사용하여, 이사야에 기록된 성경의 예언을 이룬 사람이 되었습니다.

"그는 강포를 행하지 아니하였고 그의 입에 거짓이 없었으나 그의 무덤이 악인들과 함께 있었으며 그가 죽은 후에 부자와 함께 있었도다"(사 53:9)

말씀 실천하기

• 나는 손해와 불이익이 생기더라도 그리스도인임을 드러내며 살고 있습니까?
• 나는 하나님이 허락하신 부, 학력, 직업, 지위, 건강, 시간 등을 하나님의 나라를 위해 기꺼이 드리며 살고 있습니까?

합심 기도하기

• 어떤 상황에서든지 주님을 부인하거나 부끄러워하지 않고 담대히 신앙을 드러내게 하소서.
• 하나님이 주신 모든 것을 기쁨으로 주의 나라를 위해 드리며 살게 하소서.

믿음이 없이는 하나님을 기쁘시게 못하나니
하나님께 나아가는 자는 반드시 그가 계신 것과
또한 그가 자기를 찾는 자들에게 상 주시는이심을
믿어야 할지니라

– 히 11:6

하나님나라 백성들의 영성 – 사역편

바이블 루트

6

41 선행과 구제의 여인 다비다

본문 말씀
행 9:36-42

◆ 이룰 목표

- 예수님의 참 제자로 살아가는 것의 중요함을 깨닫는다.
- 선행과 구제의 삶을 배우고 실천한다.

◆ 본문 살피기

- 다비다를 한 단어로 어떻게 소개하고 있습니까?(36절)
- 다비다는 무엇을 많이 행한 사람입니까?(36절)
- 다비다가 얻은 특별한 은혜는 무엇입니까?(40절)

소그룹예배 인도 순서

사도신경	다 같이
찬 송	353장(통 391)
기 도	회원 중
본문 말씀	행 9:36-42
새길 말씀	행 9:36
헌금 찬송	459장(통 514)
헌금 기도	회원 중
주기도문	다 같이

말씀 나누기

성경에서 뿐만 아니라 교회사 전체를 살펴보면, 하늘의 별처럼 반짝이는 믿음의 여인이 많이 있음을 발견합니다. 그중에는 '죽으면 죽으리라' 는 믿음으로 이스라엘 민족을 구해 수많은 사람의 칭송을 받는 에스더와 같은 여인도 있지만, 자신을 드러내지 않고 주님을 섬겼던 무명의 여인들도 있습니다(눅 8:3). 다비다도 많이 알려지지 않은 믿음의 여인입니다. 헬라 이름으로는 '도르가' 라고 불렸는데, 그 이름의 뜻은 '영양' 이나 '사슴' 으로, 영양처럼 산뜻하고 매력적인 여인이 되라는 의미에서 지어진 이름입니다. 다비다가 어떤 믿음의 삶과 사역을 했기에 초대교회의 성장과 확산을 기록한 사도행전의 한 부분을 장식하게 되었는지 살펴보겠습니다.

1. 예수님의 '여제자'로 살았습니다

다비다가 살고 있던 욥바는 예루살렘에서 서북쪽으로 약 55km 떨어진 항구 도시입니다. 다비다가 언제 신앙을 가지게 되었는지 성경은 정확히 기록하고 있지 않지만, 아마도 예루살렘 교회에 박해가 일어나 성도들이 흩어져 두루 다니며 복음을 전파했을 때(행 8:4), 그녀가 복음을 듣고 신앙을 가지게 되었을 가능성이 높습니다.

중요한 것은 성경이 다비다를 '여제자'로 명시하고 있다는 것입니다(36절). 제자는 자신의 병이 낫기 위해 또는 어떤 필요를 채우기 위해 일시적으로 예수님을 따르다가 그 필요가 채워지면 예수님을 떠나는 '무리'나 '군중'을 가리키지 않습니다. 제자란 예수님처럼 자기를 부인하고, 자기 십자가를 지고 예수님을 따라가는 사람들을 가리킵니다(마 16:24).

예수님 공생애 기간에는 12명의 제자와 또 70인의 제자가 늘 예수님을 따라 다녔습니다. 예수님이 부활하고 나서는 예수님을 구주로 믿고 따르는 제자들의 숫자가 많이 늘었습니다(행 6:7). 분명히 제자들 중에는 남자뿐만 아니라 여자도 있었습니다. 그리고 그들 모두를 제자라고 불렀습니다. 그런데 여인 한 명을 지목하여 '여제자'라고 한 경우는 다비다가 거의 유일합니다. 이것은 다비다가 예수님의 가르침을 마음에 새기고, 그 말씀대로 살아가는 진실한 믿음의 여인이었음을 보여줍니다.

오늘날 한국 교회의 문제는 교회가 부족한 것이 아닙니다. 목회자의 숫자가 부족한 것이 아닙니다. 교인의 수가 부족한 것이 아닙니다. 재정이 부족한 것이 아닙니다. 교회도 많고, 목회자들도 많고, 교인들과 재정도 충분

합니다. 문제는 예수님의 제자로 살아가는 참된 성도가 적다는 것입니다.

> "이에 예수께서 제자들에게 이르시되 누구든지 나를 따라오려거든 자기를 부인하고 자기 십자가를 지고 나를 따를 것이니라"(마 16:24)

2. 선행과 구제를 많이 했습니다

"선행과 구제하는 일이 심히 많더니"(36절)라고 다비다에 대해 기록하고 있습니다. 다비다가 병들어 죽었을 때, 모든 과부가 베드로 곁에 서서 울면서, 다비다가 생전에 자신들과 함께 지낼 때 만들어준 속옷과 겉옷을 다 보여주는 것을 볼 때, 그녀가 평소에 얼마나 선행과 구제를 많이 했는지를 짐작할 수 있습니다(39절). 그런데 다비다는 돈이 많아서 선행과 구제를 한 것이 아니라, 자신의 손을 부지런히 움직여 선행과 구제를 실천했습니다. 선행과 구제는 돈이 많아야만 할 수 있는 것이 절대로 아닙니다. 사랑과 섬김의 마음이 있다면 누구나 할 수 있습니다. 그리고 사랑과 섬김의 마음으로 행해진 선행과 구제는 사람의 마음을 움직일 수 있습니다. 본문에 나온 과부들 모두가 다비다의 섬김 때문에 예수님을 믿은 것이 아니라 해도, 적어도 몇 사람은 그런 사랑의 섬김을 통해 예수님을 믿을 수 있었을 것입니다. 결국, 다비다는 자신의 선행과 구제를 통해 하나님께 영광을 돌릴 수 있었습니다.

> "이같이 너희 빛이 사람 앞에 비치게 하여 그들로 너희 착한 행실을 보고 하늘에 계신 너희 아버지께 영광을 돌리게 하라"(마 5:16)

3. 죽음에서 살아나는 특별한 은혜를 받았습니다

그 당시 믿는 성도들을 포함해서 날마다 죽어가는 사람들이 있었습니다. 그런데 하나님께서 다비다를 그냥 한 번 죽는 것으로 끝나도록 하지 않으셨습니다. 룻다에 있는 베드로까지 욥바에 오도록 하셔서, 과부들에게서 다비다의 구제와 선행에 대해 듣게 하셨습니다. 그러자 베드로는 사람들을 다 내보내고 무릎을 꿇고 기도했습니다(40절). 베드로는 기도하면서 죽은 나사로를 살리신 주님의 모습을 기억에 떠올렸을 것입니다. 혼자 기도를 한 후, 베드로는 예수님처럼 시체를 향하여 외쳤습니다. "다비다야 일어나라"(40절). 베드로가 그냥 마지못해 선포한 것이 아닙니다. 이 선포는 주님을 믿는 마음으로 선포하는 믿음의 행위였습니다. 하나님은 그런 믿음의 선포를 들으시고 다비다를 일으켜 세우셨습니다. 다비다는 그녀가 생전에 행했던 구제와 선행 덕에 특별한 하나님의 은혜를 받았습니다.

다비다가 그 후에 어떻게 살았는지에 대한 기록은 없습니다. 그러나 분명 다비다는 다시 살아난 후에 덤으로 주어진 삶을 산다는 마음으로 전보다 더 하나님을 사랑하며, 이웃에게 선행과 구제로 사랑을 실천하며 살았을 것입니다.

"그러므로 형제들아 내가 하나님의 모든 자비하심으로 너희를 권하노니 너희 몸을 하나님이 기뻐하시는 거룩한 산 제물로 드리라 이는 너희가 드릴 영적 예배니라"(롬 12:1)

말씀 실천하기
- 제자로서 예수님을 더 잘 따르기 위해서 지금 할 수 있는 일은 무엇입니까?
- 구체적으로 언제, 누구에게, 어떻게 선행과 구제를 실천하시겠습니까?

합심 기도하기
- 예수님을 매일의 삶에서 따라가는 참다운 제자의 삶을 살게 하소서.
- 내 주변의 사람들에게 신행과 구제를 구체적으로 실천하여 하나님께 영광 돌리게 하소서.

42 신실한 동역자 **실라**

본문 말씀 행 15:22-41	◆ 이룰 목표 - 사도들의 신실한 동역자 실라의 신앙에 대하여 배운다. - 복음을 전하는 데 있어서 진정한 동역이 무엇인지 안다. ◆ 본문 살피기 - 바울과 바나바는 어디에서 유하며 주의 말씀을 가르쳤습니까?(35절) - 바울과 바나바가 다투었던 이유는 무엇입니까?(37-38절) - 바울은 누구와 함께 전도 여행을 떠났습니까?(40절)

소그룹예배 인도 순서

사도신경	다 같이
찬 송	386장(통 439)
기 도	회원 중
본문 말씀	행 15:22-41
새길 말씀	행 15:32-33
헌금 찬송	333장(통 381)
헌금 기도	회원 중
주기도문	다 같이

말씀 나누기

실라는 '생각'이라는 뜻으로 로마식 이름은 '실루아노'(살후 1:1; 벧전 5:12)이며 로마의 시민권을 소유한(행 16:37) 예루살렘 교회 지도자 중 한 사람입니다(행 15:22). 실라는 주후 1세기 중반경에 주로 활동했는데, 이 시기는 이방인의 사도 바울을 비롯한 많은 전도자에 의해 그리스도의 복음이 로마 제국 전역에 전파되고 곳곳마다 교회가 세워지는 초대 교회의 확장기였습니다. 바나바와 사도 바울이 마가 요한을 데려가는 문제로 인하여 심하게 다투다가 서로 갈라서게 될 때, 바나바가 마가 요한과 함께 선교여행을 떠남으로써 실라는 바울과 함께 2차 선교여행에 가게 되었습니다(행 15:36-40). 실라는 바울과 함께 오늘날 유럽에 해당하는 마게도냐 지역의 복음전파 사역에 충성하며 헌신하였습니다. 사도들과 협력하여 복음전파를 위해 충성했던 실라에 대해서 알아보겠습니다.

1. 인정받은 지도자입니다

실라가 예루살렘 교회에서 그의 이름이 나올 때는 이미 그는 지도자의 위치에 있었습니다(행 15:22). 사도행전 15장 32절에는 "유다와 실라도 선지자라 여러 말로 형제를 권면하여 굳게 하였다"라고 합니다. 실라를 선지자라고 했는데, 하나님의 말씀을 가르치는 일을 했다는 것입니다. 안디옥 교회에 가서도 형제들을 권면하고 확고하게 설 수 있도록 하였습니다. 사도행전 15장에는 예루살렘 회의(주후 49-50년)가 기록되어 있는데, 이 회의에서 복음의 진리를 확실하게 세우고 이방인들이 삼가야 할 것이 무엇인지를 결정합니다. 그리고 그 결정된 내용을 안디옥에 전하도록 했는데 그 임무를 유다와 실라가 맡게 됩니다(22절, 27절). 실라는 편지를 전했을 뿐만 아니라 그곳에 머물면서 형제들을 권면하고 굳게 하는 일을 했습니다(32절).

유대인 중심의 예루살렘 교회와 이방인 중심의 안디옥 교회가 대립할 수 있었지만, 실라는 두 교회를 연결하는 역할을 잘 감당했습니다. 이처럼 실라는 형제들과 교회의 지도자들에게 인정을 받았습니다. 이를 통해 하나님의 말씀 가운데 굳게 서 있었을 뿐만 아니라 예수님을 닮은 인격으로 교회에 좋은 영향을 끼쳤음을 알 수 있습니다.

"나를 능하게 하신 그리스도 예수 우리 주께 내가 감사함은 나를 충성되

이 여겨 내게 직분을 맡기심이니"(딤전 1:12)

2. 협력하여 초대교회 개척에 앞장선 전도자입니다

실라는 바사바라 하는 유다와 함께 등장합니다(행 15:22). 그는 바울과 함께 안디옥과 수리아, 길리기아로 다니며 교회들을 견고케 하는 사역을 감당했습니다(행 15:41). 또한 실라는 사도 바울의 제 2차 전도 여행에 함께 하게 됩니다. 그는 바사바라고 하는 유다처럼 예루살렘으로 돌아가서 얼마든지 선지자의 사역을 할 수 있었지만, 바울과 함께 하는 선교사역을 하나님의 뜻으로 받아들여 로마의 식민지였던 빌립보로 갔습니다. 이곳에서 귀신 들려 점치는 여종을 고쳐준 이유로 바울과 함께 감옥에 갇히는 고통이 있었지만, 오히려 한밤중에 기도하고 하나님을 찬양했을 때 감옥 문이 열리는 기적을 체험했습니다(행 16:24-26). 바울과 함께 빌립보 감옥에 갇히게 된 이 고난의 사건은 간수의 가족이 구원을 받고, 주님의 놀라운 능력을 만방에 드러내고 복음을 전하는 기회가 됩니다.

바울을 박해하는 유대인들의 소동으로 인해 바울은 베뢰아를 떠나지만, 실라와 디모데는 베뢰아에 남아서 복음을 전합니다(행 17:13-14). 그리고 아덴을 거쳐 고린도에서 복음 전하는 바울을 마게도니아에서 내려온 실라와 디모데가 다시 만납니다. 이때 디모데는 데살로니가 교회의 소식을 전해주고, 실라는 빌립보 교회의 소식과 바울의 선교사역을 위한 연보를 전해줍니다(살전 3:6; 고후 11:9; 빌 4:14-15). 빌립보 교회의 연보로 바울은 장막 만드는 일을 멈추고 복음 전도사역에 전념할 수 있게 되었습니다.

"생각하건대 현재의 고난은 장차 우리에게 나타날 영광과 비교할 수 없도다"(롬 8:18)

3. 복음전파의 겸손한 조력자입니다

실라는 바울과 함께 전도의 사명을 감당했을 뿐만 아니라 개종한 자들의 믿음이 자랄 수 있도록 양육하는 일에도 열심히 했습니다(행 17:10-14). 실라의 이러한 사역들은 대외적으로 소문이 났고, 모두에게 인정받게 되었습니다. 그리고 후에 베드로와도 같이 일한 흔적을 성경에서 발견할 수 있습니다(벧전 5:12). 이같이 실라는 하나님의 일꾼들과 늘 동역하며 일하였던 일꾼이었음을 알 수 있습니다.

실라는 초대 교회의 두 기둥인 베드로와 바울에 비교할 때 그들만큼 비중 있는 인물은 아니었습니다. 그렇지만 실라의 동역이 없었다면 바울의 사역은 성공하기 어려웠을 것이고, 또 실라의 조력이 없었다면 말년의 베드로는 여러 가지로 무척 힘들었을 것입니다. 이처럼 앞장서서 일하는 것도 중요하지만, 복음 사역의 뒤편에서 동료 사역자를 묵묵히 돕는 일 또한 중요한 것입니다. 그뿐만 아니라 실라는 많은 사람에게 인정받는 위치에 있었음에도, 자신을 드러내지 않고 바울과 동역했습니다. 선교팀의 화합을 위해 섬기는 사역자였습니다. 실라의 이러한 겸손과 협동이야말로 복음전파를 승리로 이끄는 원동력이고, 하나님만을 드러내며 하나님 나라의 일을 감당하는 신실한 조력자의 모습입니다.

"이제 인내와 위로의 하나님이 너희로 그리스도 예수를 본받아 서로 뜻이 같게 하여 주사 한마음과 한 입으로 하나님 곧 우리 주 예수 그리스도의 아버지께 영광을 돌리게 하려 하노라"(롬 15:5-6)

말씀 실천하기

• 섬기는 교회에서 실라처럼 꼭 필요한 충성 된 동역자가 되도록 힘쓰겠습니까?

• 교회에서 성도 간의 화평을 위해 기도하며 섬기겠습니까?

합심 기도하기

• 어떤 역경 속에서도 담대하게 복음을 전하게 하소서.

• 내가 신실한 동역자로 쓰임 받고, 또한 주변에 믿음의 동역자들이 있게 하소서.

43 빌립보 교회의 개척자 **루디아**

본문 말씀
행 16:11-15

◆ 이룰 목표

- 자신의 집을 예배 장소로 제공한 루디아의 헌신을 배운다.
- 루디아와 온 집안 식구들이 세례를 받고 예배하는 모습을 배운다.

◆ 본문 살피기

- 마게도냐 지방의 첫 성이며 로마의 식민지였던 곳은 어디입니까?(12절)
- 안식일에 기도할 곳을 찾기 위해 어디로 갔습니까?(13절)
- 두아디라 시에 있는 자색옷감 장사로서 하나님을 섬기던 사람은 누구입니까?(14절)

소그룹예배 인도 순서

사도신경	다 같이
찬 송	210장(통 245)
기 도	회원 중
본문 말씀	행 16:11-15
새길 말씀	행 16:14
헌금 찬송	211장(통 346)
헌금 기도	회원 중
주기도문	다 같이

말씀 나누기

사도 바울과 전도자 일행은 제2차 전도 여행을 위해 기도하는 중에 마게도냐 사람이 도와 달라는 환상을 보고 마게도냐로 가게 됩니다(행 16:9-10). 마게도냐의 첫 성 빌립보에 이르러 안식일에 예배 장소를 찾다가 회당이 없어서 강가를 찾아 나갔습니다. 당시 회당이 없는 지역의 유대인들은 강가에 모여 예배했습니다.

루디아는 이방인이었지만 유대교로 개종하여 하나님을 섬겼기 때문에 강가에 나와 예배하다가 바울 일행을 만나게 된 것입니다. 그리고 거기서 바울의 전도로 기독교 신자가 되었으며 자신의 집을 예배처로 제공하는데 이곳은 빌립보 교회의 전신이 됩니다(행16:15, 40). 예배중심의 신앙생활자이며 믿음의 사람인 루디아가 하나님께 어떻게 쓰임 받는지 그 모습을 살펴보겠습니다.

1. 어려운 환경에도 주일을 성수했습니다

빌립보 교회가 어떻게 탄생하게 됩니까? 그것은 사도 바울 일행이 예배드릴 장소를 찾는 것에서부터 시작됩니다. 안식일에 예배 장소를 찾기 위해 강가에 갔더니 거기에는 또 다른 무리의 여인들이 동일한 목적으로 하나님을 예배하기 위해 모여 있었습니다. 비록 회당(예배당)은 없었지만 안식일을 지키고 하나님께 예배드리려는 열정으로부터 교회가 세워진 것입니다.

주일성수는 그리스도인들의 신앙생활에 중요한 기본요소입니다. 그런데 현대의 그리스도인들은 주일성수를 가볍게 여기는 경향이 있는 것 같습니다. 예배를 드리고 싶으면 드리고, 바쁘면 빠지고, 기분 나쁘면 생략하기도 합니다. 그러나 주일은 신앙공동체가 함께 모여 하나님을 예배하는 소중한 시간이며, 십계명은 이를 기억하여 지키라고 명령하고 있습니다. 유대인들은 무슨 일이 있어도 안식일을 지켰습니다. 그래서 후대 역사가들은 유대인들을 향해 "유대인들은 목숨을 걸고 안식일을 지켰다. 그러나 훗날 안식일이 유대인들을 지켜주었다"라고 평가하기도 합니다. 바울 일행과 루디아가 어떤 환경에서도 안식일을 기억하고 예배드리려했던 열정이 빌립보 교회를 세우는 역사를 이룬 것처럼, 그리스도인들이 주일을 지키는 것이 아닙니다. 주일성수가 그리스도인들을 지켜주고 하나님 나라를 확장시킵니다.

"아버지께 참으로 예배하는 자들은 신령과 진정으로 예배할 때가 오나니 곧 이때라 아버지께서는 이렇게 자기에게 예배하는 자들을 찾으시느니라"(요 4:23)

2. 하나님께 전적으로 헌신했습니다

그때 당시 두아디라에는 염료공장이 많았고 옷을 염색하는 기술이 많이 발달 되어 있었습니다. 오늘날처럼 다양한 색으로 염색한 옷감은 없었지만, 자주색 옷감은 고급스럽게 여긴 것으로 보입니다. 특히 빌립보는 로마의 식민지였기 때문에 빌립보에 거주하던 로마 시민권자들은 주로 자주색 옷을 입었습니다. '리디아 지방사람' 이라는 뜻을 가진 루디아가 이러한 자색 옷감을 파는 장사(행 16:14)로 소개되는 것을 볼 때, 그녀가 상당한 부자였을 거라고 추측됩니다. 또한 당시 문헌에 의하면, 로마의 식민지가 되고 난 이후 빌립보 지역의 집값이 상당히 올라갔다고 합니다.

그런데 루디아는 "우리에게 청하여 가로되 만일 나를 주 믿는 자로 알거든 내 집에 들어와 유하라 하고 강권(15절)" 했다고 기록하고 있습니다. 자신과 가족만의 집에 바울 일행이 머무르며 주님의 복음을 전할 수 있도록 강권하여 거처를 제공한 루디아의 헌신으로 말미암아 그곳은 유럽 복음전파의 전진기지가 되었고, 빌립보 교회가 세워지는 계기가 되었습니다.

이처럼 성도의 헌신은 주님의 복음을 전파하고 하나님 나라를 확장 시키는 소중한 도구가 되며 하나님 나라에서 영원히 기억됩니다.

"내가 진실로 너희에게 이르노니 온 천하에 어디서든지 이 복음이 전파되는 곳에서는 이 여자가 행한 일도 말하여 그를 기억하리라"(마 26:13)

3. 그 집이 다 세례를 받고 구원받았습니다

하나님께 가장 큰 복을 받은 가정의 모습은 무엇일까요? 가족들이 부요해지고 자녀가 잘되고 성공하는 것도 복이겠지만, 무엇보다 가족 전부가 예수를 믿음으로 구원의 기쁨을 누리는 가정일 것입니다.

성경은 루디아 가정에 대하여 "저와 그 집이 다 세례를 받고"(15절)라고 기록했습니다. 세례를 받았다는 것은 주님을 영접한 기독교인이 되었음을 의미합니다. 사도 바울을 통해 복음을 들은 루디아의 가족은 모두 세례를 받고 예수님을 영접했습니다. 주님을 위해 물질도 아낌없이 헌신한 루디아에게 하나님께서는 가장 귀중한 복을 그 가정에 주셨습니다.

사도행전에는 구원받은 고넬료의 가정이 나옵니다. 이들 역시 베드로를 초청하여 예수님에 대한 복음을 듣고 가족들 모두 세례를 받고 구원받았습니다(행 10:34-48). 이처럼 복음을 듣고 헌신한 가정들이 성경에 기록되는 복을 누렸습니다. 이 시대에도 복 중에 복, 기적 중에 가장 큰 기적은 가족 모두 구원받고 하나님을 예배하는 것입니다.

"가이사랴에 고넬료라 하는 사람이 있으니… 그가 경건하여 온 집안과 더불어 하나님을 경외하며 백성을 많이 구제하고 하나님께 항상 기도하더니"(행 10:1-2)

말씀 실천하기
- 어떤 일이 있어도 주일을 성수하여 예배하고 있습니까?
- 나의 가족들은 지금 모두 예수 믿고 예배와 봉사자로 서 있습니까?

합심 기도하기
- 어떤 상황에도 주일을 성수하는 믿음을 주소서.
- 예수 안 믿는 가족들이 예수님을 영접하고 구원받게 하소서.

44 언변과 성경에 능통한 아볼로

본문 말씀
행 18:24-28

◆ 이룰 목표
- 성경에 능통한 아볼로를 통해 말씀을 연구하는 자세를 배운다.
- 공중 앞에서도 예수가 그리스도임을 힘 있게 증거하는 일을
  실천한다.

◆ 본문 살피기
- 알렉산드리아에서 난 유대인은 누구입니까?(24절)
- 아볼로는 무엇이 좋고 무엇에 능통했습니까?(24절)
- 예수는 그리스도라고 증언하여 공중 앞에서 누구의 말을
  이겼습니까?(14절)

소그룹예배 인도 순서

사도신경	다 같이
찬 송	202장(통 245)
기 도	회원 중
본문 말씀	행 18:24-28
새길 말씀	행 18:24
헌금 찬송	314장(통 346)
헌금 기도	회원 중
주기도문	다 같이

말씀 나누기

아볼로는 알렉산드리아에서 이방인 2세로 태어난 유대인이었습니다(24절). 알렉산드리아는 애굽의 최북단에 있고 나일강에서 약 20km 떨어진 곳에 있으며, 주전 323년 알렉산더 대왕이 자신의 이름을 따서 건설한 도시로 당시 250만의 인구가 거주했고, 그중 유대인만 100만 명이 살던 큰 도시였습니다. 이처럼 알렉산드리아에 유대인이 많았던 이유는 알렉산더 대왕이 유대인을 이곳으로 이

주시켰기 때문입니다.

성경은 아볼로를 '언변이 좋고 성경에 능통한 자'로 소개합니다. 또한 에베소에서 브리스길라와 아굴라의 도움을 통해 하나님의 말씀에 관해 더 정확히 배운 이후, 아가야에서 믿는 사람들에게 많은 유익을 주고 공중 앞에서 유대인을 논박하여 예수의 그리스도 되심을 증언한 아볼로의 신앙과 인품에 대해 살펴보겠습니다.

1. 언변과 성경에 능통한 사람이었습니다

알렉산드리아는 종교와 철학과 정치가 함께 공존했던 로마제국 제2의 도시입니다. 이런 문화적 영향을 받아서인지는 정확히 알 수는 없지만, 아볼로는 언변이 뛰어난 사람으로 묘사됩니다. 알렉산드리아 유대인들은 구약성경을 해석할 때 메시아 중심적으로 해석하려고 했습니다. 메시아 중심적이란 뜻은 '멸망한 이스라엘이 다시 다윗 시대처럼 막대한 힘을 갖춘 나라로 회복되도록 하실 메시아가 오실 것'을 성경을 중심으로 해석하는 시각입니다. 이러한 메시아 중심적 경향은 아마도 유대에서 알렉산드리아로 이주하여 살던 이주민으로서의 애환이 더욱 강력하게 작용했을 것으로 생각됩니다. 이것을 통해 이주민의 2세로 태어난 아볼로가 성경, 즉 구약성경에 능통한 이유를 추론할 수 있습니다.

고난은 하나님을 만나고 찾게 하는 기회가 됩니다. 그리고 성경은 하나님께 돌아가게 하는 등불이 됩니다. 어려서부터 성경을 잘 배운 아볼로는 꼭 필요한 시대에 사도 바울과 함께 귀하게 쓰임 받는 인물이 되었습니다.

"모든 성경은 하나님의 감동으로 기록된 것으로 교훈과 책망과 바르게 함과 의로 교육하기에 유익하니 이는 하나님의 사람으로 온전하게 하며…"
(딤후 3:16-17)

2. 겸손히 배우는 신앙 인품을 가졌습니다

아볼로는 어려서부터 성경을 배우고 성경에 능통한 사람이었습니다. 그런데 한 가지 부족한 것이 있었습니다. 사도행전 18장 25절은 "그가 일찍이 주의 도를 배워 열심히 예수에 관한 것을 자세히 말하며 가르치나 요한의 세례만 알 따름이라"고 말하고 있습니다. "요한의 세례만 알 따름"이란 말을 통해, 아볼로가 알렉산드리아 학파의 영향을 받아 메시아 중심적으로 성경을 알고 예수에 관해서도 가르쳤지만, 요한의 세례를 넘어선 하나님의 도에 대해 부족한 부분이 있었음을 유추할 수 있습니다. 이때 아주 중요한 사람 아굴라와 브리스길라를 만나게 됩니다. 두 사람은 아볼로의 담대함을 보고 그를 데려다가 십자가의 도를 더 정확하게 풀어 가르쳐 주었습니다.

성경에 대한 해박한 지식과 뛰어난 언변 그리고 담대함까지 지녔던 아볼로가 아굴라와 브리스길라의 가르침을 받는 모습을 통해 그리스도인의 겸손과 신앙 인품을 배우게 됩니다. 현대에도 성경공부, 방송 매체, 인터넷 등을 통해 해박한 성경 지식을 가진 사람이 많습니다. 그러나 이 시대가 찾는 사람은 성경 지식이 많은 사람이 아니라 성경을 따라 사는 사람이며 사랑을 실천하는 겸손한 사람입니다.

"젊은 자들이 이와 같이 장로들에게 순종하고 다 서로 겸손으로 허리를 동이라 하나님은 교만한 자를 대적하시되 겸손한 자들에게는 은혜를 주시느니라"(벧전 5:5)

3. 공중 앞에서 복음으로 유대인의 말을 이겼습니다

브리스길라와 아굴라는 에베소의 유대인 회당에서 담대하게 주님을 증언하는 아볼로를 발견하고 그를 데려다가 하나님의 도를 더 정확하게 풀어 가르칩니다(행 18:26). 담대함과 능한 언변을 소유한 아볼로는 하나님의 도를 더 자세하고 정확하게 앎으로써 공중 앞에서 '예수는 그리스도이심'을 증언하고 논박에서 유대인을 이김으로써 그 지역의 그리스도인들에게 많은 유익을 주었습니다.

언변의 능함과 담대함도 중요하지만, 무엇보다 하나님과 복음을 정확하게 아는 것이 중요합니다. 하나님을 정확하게 아는 지식은 힘이 되고 능력이 됩니다. 성경에 기록된 하나님의 뜻을 정확하게 알고 말씀대로 살아갈 때, 악하고 어둔 세력을 이기고 세상을 이깁니다.

"내가 복음을 부끄러워하지 아니하노니 이 복음은 모든 믿는 자에게 구원을 주시는 하나님의 능력이 됨이라 먼저는 유대인에게요 그리고 헬라인에게로다"(롬 1:16)

말씀 실천하기
• 교회에서 주일예배와 성경공부를 통해 말씀을 성실히 배우고 있습니까?
• 공중 앞에서 십자가 복음을 전하며 살고 있습니까?

합심 기도하기
• 바쁜 일상 속에서도 말씀을 배우고자 하는 열정과 믿음을 주소서.
• 겸손한 삶으로 하나님의 영광을 나타내게 하소서.

45 복음의 좋은 동역자
아굴라와 브리스길라

본문 말씀
행 18:1-4

◆ 이룰 목표

- 아굴라와 브리스길라를 통해 복음의 좋은 동역자에 대해 배운다.
- 직업에 최선을 다하면서 복음을 전하는 모습을 배운다.

◆ 본문 살피기

- 바울이 아덴을 떠나 어디로 가게 됩니까?(1절)
- 바울이 고린도에 이르러 본도에서 난 유대인 누구를
  만났습니까?(2절)
- 아굴라와 브리스길라의 직업은 무엇입니까?(3절)

소그룹예배 인도 순서	
사도신경	다 같이
찬 송	436장(통 493)
기 도	회원 중
본문 말씀	행 18:1-4
새길 말씀	행 18:2-3
헌금 찬송	323장(통 355)
헌금 기도	회원 중
주기도문	다 같이

말씀 나누기

아굴라와 브리스길라는 사도 바울이 전도한 사람들이 아닙니다. 이미 로마에서 복음을 받아들여 예수를 믿었던 사람들입니다. 하지만 유대인을 싫어한 로마 글라우디오 황제는 로마를 다 떠나라 명령합니다. 그 명령 때문에 로마에서 쫓겨나 고린도에 머물게 되었습니다. 고린도에서 복음을 전하던 사도 바울을 만난 이 부부는 아름다운 평신도 지도자의 모델이며, 사도 바울에게는 둘도 없는 동역자가 됩니다. 체험적인 십자가 복음으로 훈련된 이들은 회당에서 담대하게 전도하는 아볼로를 집으로 데리고 가서 하나님의 가르침을 더 자세히 설명해 주었습니다(행 18:26). 초대 교회의 평신도 지도자였던 아굴라와 브리스길라의 신앙과 헌신을 살펴보겠습니다.

1. 바울과 함께한 복음의 좋은 동역자였습니다

사도 바울이 로마에 복음을 전하기 전, 이미 로마에는 신실한 그리스도 인들이 있었습니다. 아굴라와 브리스길라는 로마 본토에서 태어난 유대인 으로 처음부터 신앙을 가진 자들로, 황제의 명령으로 로마를 떠나 고린 도로 이주했습니다. 사도 바울이 먼저 그들을 찾아간 것을 보면 이들에 대한 소문을 이미 듣고 있었던 것 같습니다(2절).

아굴라와 브리스길라는 고린도를 방문한 바울에게 거처를 제공하고, 복음 사역에 힘을 다해 도와주는 좋은 동역자였습니다. 에베소와 고린도 에서 사도 바울이 복음을 전하고 교회가 세워지면, 아굴라와 브리스길라 는 그 교회를 맡아서 섬기며 돌보는 일을 감당했습니다. 평생토록 사도 바울과 함께 평신도 사역자로서 헌신한 아름다운 믿음의 소유자들이었습 니다.

"…그는 나의 형제요 함께 수고하고 함께 군사 된 자요 너희 사자로 내가 쓸 것을 돕는 자라"(빌 2:25)

2. 섬기며 복음으로 격려하는 사람이었습니다

사도 바울이 주님의 계시를 받아 2차 전도 여행을 마게도니아 아가야 지방으로 떠납니다. 그 당시 아가야 지역에는 세계적인 3대 도시가 있었는데, 그것은 아덴, 고린도, 에베소였습니다. 이 도시를 정복하지 않고는 그 지방을 복음화 할 수 없었습니다. 아덴은 지식과 철학이 발달했던 도시였습니다. 사도 바울은 여기에서 철학과 지식으로 복음을 전하려고 했다가 유대인의 핍박을 피해 고린도로 오게 되었습니다. 그런데 고린도는 아덴보다 복음을 전할 수 있는 환경이 훨씬 더 좋지 않았습니다. 고린도는 우상이 많았고, 도덕적으로 매우 타락한 도시였습니다. 아덴에서 복음전파에 실패한 바울이 고린도에 들어갔을 때 얼마나 두려웠겠습니까? 고린도에서 복음전파를 실패하면 이 지역의 선교는 실패하고 맙니다. 바울은 이 상황에 대해 "내가 너희 가운데 거할 때에 약하며 두려워하며 심히 떨었노라"(고전 2:3)라고 고백합니다.

이러한 상황에서 바울의 동역자이며 위로자인 아굴라와 브리스길라를 만나게 됩니다. 아굴라와 브리스길라는 천막 짓는 일을 하는 사람으로 바울과 같은 일을 하며 서로 돕고, 복음 전하는 사역에도 최선을 다해 도와주고 있습니다. 그리고 고린도에서 1년 6개월을 유하면서 복음을 전하여 큰 교회를 세우고, 아가야 지역 복음화의 전진기지를 구축하게 됩니다. 이 일은 아굴라와 브리스길라가 있었기에 가능한 일이었습니다. 신실한 복음의 동역자는 불가능한 일을 이루게 만드는 힘을 줍니다.

"서로 돌아보아 사랑과 선행을 격려하며"(히 10:24)

3. 사도 바울이 잊을 수 없는 사람이었습니다

주님의 복음을 위해 헌신하는 사람이 가장 행복한 순간은 자신을 알아주는 동역자가 있을 때입니다. 사도 바울은 복음을 전하다가 로마 감옥에 갇히고, 순교당할 시간이 가까이 오는 것을 느끼게 됩니다. 죽음 앞에서 사도 바울은 자신들의 목숨까지도 내놓고 봉사하고 복음을 전했던 평신도 동역자를 "너희가 그리스도 예수 안에서 나의 동역자들인 브리스가와 아굴라에게 문안하라. 저희는 내 목숨을 위하여 자기의 목이라도 내어놓았나니 나뿐 아니라 이방인의 모든 교회도 저희에게 감사하느니라"(롬 16:3-4)고 소개합니다. 바울은 순교의 두려운 환경 앞에서도 도저히 잊을 수 없는 아굴라와 브리스길라에게 문안하라고 권면하고 있습니다.

사도 바울은 인생의 두려운 골짜기를 목숨처럼 사랑했던 동역자를 생각하며 오히려 기쁘게 지나가고 있습니다. 두렵고 힘든 상황에서 위로가 되고 힘이 되는 동역자를 통해 복음의 사역을 이룰 수 있었던 감격을 사도 바울은 회상하고 있습니다. 이렇듯 신앙의 동역자, 복음의 친구는 세상의 어떤 보석보다도 더 귀한 존재가 됩니다.

"한 사람이면 패하겠거니와 두 사람이면 능히 당하나니 삼 겹줄은 쉽게 끊어지지 아니하느니라"(전 4:12)

말씀 실천하기
- 나는 목회자의 사역과 비전을 세우는 좋은 동역자입니까?
- 교회에서 헌신하며 봉사하는 사람을 격려하고 있습니까?

합심 기도하기
- 목회자의 사역에 좋은 동역자로 쓰임 받게 하소서.
- 교회에서 솔선수범하여 복음의 증인으로 살게 하소서.

46 그리스도의 군사 에바브로디도

본문 말씀
빌 2:25-30

◆ 이룰 목표

- 복음을 위해 자신의 몸을 아끼지 아니하고 헌신한 신앙을 배운다.
- 복음을 위해 헌신한 자에게 복 주시는 하나님의 보상하심을 배운다.

◆ 본문 살피기

- 바울은 에바브로디도를 어떻게 소개하고 있습니까?(25절)
- 에바브로디도의 건강은 어떤 상태였습니까?(27절)
- 에바브로디도가 죽기에 이르도록 목숨을 돌보지 않은 이유는
  무엇입니까?(30절)

소그룹예배 인도 순서	
사도신경	다 같이
찬 송	352장(통 390)
기 도	회원 중
본문 말씀	빌 2:25-30
새길 말씀	빌 2:25
헌금 찬송	182장(통 172)
헌금 기도	회원 중
주기도문	다 같이

말씀 나누기

에바브로디도란 이름은 '미의 여신인 아프로디테의 사랑을 받은 자'라는 뜻으로 당시 매력적인 사람이라는 의미에서 흔히 사용된 이름이었습니다. 이러한 이름을 통해 에바브로디도가 이교도에서 개종한 것으로 생각됩니다. 에바브로디도는 예수님을 영접하여 하나님의 백성이 되었고 교회의 중심인물이 되었음을 알 수 있습니다.

에바브로디도는 빌립보 교회가 로마 감옥에 갇힌 바울을 위해 모은 연보를 가지고 바

울에게 가게 됩니다(빌 4:18). 거기에서 그는 연보만 전달한 것이 아니라 바울을 보살피고 갇혀 있는 바울을 도와 그리스도 일에 죽음에 이르도록 최선을 다했습니다. 목숨을 돌보지 않고 사도 바울을 섬기며 복음 전하는 일에 최선을 다한 에바브로디도를 바울은 빌립보 교회 성도들에게 '형제이며, 함께 군사 된 자' 라고 소개하고 있습니다. 에바브로디도의 헌신과 그가 받은 복에 대해 살펴보겠습니다.

1. 복음의 군사로 헌신한 사람이었습니다

바울의 로마 투옥 소식을 들은 빌립보 교회 성도들은 헌금과 함께 그들을 대신하여 바울의 복음 사역을 도울 일꾼으로 에바브로디도를 뽑아 로마로 파송합니다. 로마에 도착한 에바브로디도는 갇힌 바울을 돌보는 동시에 자유롭지 못한 바울을 도와 '그리스도의 일' 에 전념한 것으로 보입니다. 그가 얼마나 열심히 일했는지 바울은 에바브로디도를 "함께 군사 된 자"(25절)라고 부릅니다. 그리고 바울은 빌립보 성도들에게 편지를 쓰면서 '그가 그리스도의 일을 위하여 죽기에 이르러도 자기 목숨을 돌보지 않았다' (30절)라고 최고의 찬사를 아끼지 않았습니다.

현대 성도들은 자신이나 자녀들이 사도나 제자들처럼 크게 쓰임 받는 인물이 되기를 소망합니다. 그러나 하나님께서는 빌립보 교회 사자로서의 사명을 정확히 알고, 바울을 돌보며 복음의 군사가 되어 죽도록 헌신한 에바브라디도 같은 일꾼도 귀하게 여기십니다. 각자에게 맡겨진 위치에서 감사함으로 직분을 담당하며 복음의 동역자로서 자기 십자가를 감당하는 성도들이 많아질 때, 하나님은 더욱 기뻐하십니다.

"나는 이제 너희를 위하여 받는 괴로움을 기뻐하고 그리스도의 남은 고난을 그의 몸 된 교회를 위하여 내 육체에 채우노라"(골 1:24)

2. 하나님의 긍휼하심을 입었습니다

옥에 갇힌 사도 바울의 조력자로 파송 받은 에바브라디도는 로마에 도착한 후 죽을병에 걸리게 되었습니다(27절). 그의 병명이 무엇인지 알 수 없지만, 이로 인하여 에바브라디도는 근심에 빠집니다. 이러한 그의 근심은 질병으로 자기가 죽을 것에 대한 근심이 아니라, 질병 때문에 더이상 바울을 도울 수도 없고 빌립보 교회가 보낸 사명을 감당할 수 없음에 대한 근심뿐 아니라 자신의 질병이 빌립보 교회에 알려진 것에 대한 근심이었습니다(26절). 복음과 바울의 사역을 위해 헌신하다가 죽을병에 걸렸지만, 그는 목숨을 돌보지 않으면서 끝까지 맡은 사명에 최선을 다합니다(30절).

하나님께서는 이러한 에바브로디도를 긍휼히 여기시고 치유의 은혜를 허락하셨습니다. 자신의 성공을 위해 몸부림치는 것이 아니라 하나님 나라의 가치를 위해 생명까지 내던진 그를 긍휼히 여기신 하나님께서 그의 질병뿐만 아니라 근심까지 면하게 해주셨습니다. 주님을 위하여, 복음을 위하여 끝까지 최선을 다한 사람을 하나님께서는 불행 중에 그냥 두시지 않았습니다. 그를 치료하고 위로하며 한없는 긍휼을 베푸십니다.

"긍휼히 여기는 자는 복이 있나니 그들이 긍휼히 여김을 받을 것임이요"
(마 26:13)

3. 존귀히 여김을 받는 자가 되었습니다

사도 바울은 빌립보 교회 성도들에게 에바브로디도를 존귀하게 대하라고 권면하고 있습니다. 왜 존귀하게 여기라고 했을까요? 그것은 에바브로디도가 자기에게 맡겨진 작은 일에 죽기까지 충성했기 때문입니다. 에바브로디도는 병에 걸렸음에도 불구하고 빌립보 교회로부터 받은 사명을 감당하기 위해 목숨을 아끼지 않았습니다. 이러한 성실함과 복음을 향한 열정은 바울로 하여금 '디모데를 빌립보 교회로 보내기에 앞서 그를 먼저 보낼 생각'을 할 정도로 그를 존귀하게 여기도록 하였습니다(빌 2:19-25).

자신의 목숨도 돌보지 않고 충성한 사람은 무엇보다도 아름답고 존귀한 존재입니다. 하나님께서는 자신의 명예와 이익이 아니라 복음과 하나님 나라 확장을 위해 자신을 드리는 사람은 존귀하게 여기시고 그를 존귀한 일꾼으로 세우십니다. 살아계셔서 우리의 삶을 주관하시는 하나님에 대한 믿음이 없이는 맡겨진 일에 충실할 수 없으며, 하나님께서 주시는 존귀한 복을 누릴 수도 없습니다.

"믿음이 없이는 하나님을 기쁘시게 하지 못하나니 하나님께 나아가는 자는 반드시 그가 계신 것과 또한 그가 자기를 찾는 자들에게 상 주시는 이심을 믿어야 할지니라"(히 11:6)

말씀 실천하기
- 피곤하고 연약해져도 복음을 위해 최선을 다하고 있습니까?
- 하나님께서 베푸신 긍휼을 다른 사람들에게 간증하고 있습니까?

합심 기도하기
- 하나님께 기억되는 충성자로 설 수 있도록 도와주소서.
- 하나님과 사람 앞에 존귀한 자가 되어 복음을 증거하게 하소서.

47 사랑받는 진실한 일꾼 두기고

본문 말씀
엡 6:21-22

◆ 이룰 목표

- 어떤 사람이 교회에서 사랑받는 일꾼인지 배운다.
- 다른 사람을 위로하는 방법에 대해 배운다.

◆ 본문 살피기

- 사도 바울과 에베소 교회 성도들에게 사랑받는 형제는 누구입니까?(21절 상)
- 주안에서 진실한 일꾼 누구를 소개하고 있습니까?(21절 하)
- 사도 바울은 두기고를 왜 에베소 성도들에게 보낸다고 설명하고 있습니까?(22절)

소그룹예배 인도 순서

사도신경	다 같이
찬 송	597장(통 378)
기 도	회원 중
본문 말씀	엡 6:21-22
새길 말씀	엡 6:21
헌금 찬송	323장(통 355)
헌금 기도	회원 중
주기도문	다 같이

말씀 나누기

3차 선교여행 때 바울과 동행하였던 인물입니다(행 20:4). 그는 바울이 1차 로마에 투옥되었을 때 바울의 편지인 에베소서와 골로새서를 가지고 교회에 전달하였고(엡 6:21; 골 4:7), 바울의 2차 투옥 때에도 바울과 함께 있다가 바울의 지시에 따라 에베소로 가기도 했습니다(딤후 4:12).

디도서 3장 12절은 두기고가 그레데에 있는 디도 대신 일을 처리할 대체자로 바울에게 신뢰받는 인물이었음을 보여줍니다. 이처럼 두기고는 바울의 진실한 일꾼이자 사랑받는 동역자였습니다. '운명적인, 뜻밖의, 복 받은' 이라는 뜻의 이름을 가진 두기고는 사도 바울과 감옥까지 동행하며 복음을 전했습니다. 진실한 일꾼 두기고의 신앙과 인격에 대해 살펴보겠습니다.

1. 두기고는 사랑받는 형제였습니다

골로새서 4장 7절에서 바울은 두기고를 "사랑 받는 형제요"라고 소개합니다. 그리고 빌립보서 6장 21절에서도 바울은 두기고를 "사랑을 받은 형제"로 소개합니다. 이것으로 볼 때 두기고는 적어도 골로새 교회 및 빌립보 교회로부터 사랑받는 주님의 일꾼이었음을 알 수 있습니다.

두기고가 바울과 교회로부터 사랑받는 형제가 되었는지에 대해 자세히 기록되어 있지 않지만, '바울의 형편과 사역의 상황'을 골로새와 빌립보 교회에 알릴 적격자로 바울에게 인정받은 것을 볼 때(빌 6:21; 골 4:7), 그가 교회 및 사도 바울을 사랑과 진정으로 섬긴 인물이었음을 추론해 볼 수 있습니다. 실제로 두기고는 사도 바울이 감옥에 갇히는 위기나 고통을 당할 때에도 끝까지 함께 하였고 바울의 손과 발이 되어 복음 사역에 전념했습니다.

사랑은 함께 하는 것입니다. 고통을 당하거나 어려운 일에 봉착해 있을 때, 그와 동행하며 사랑을 베풀면 그것은 평생 잊지 못할 위로가 되고 은혜가 됩니다.

사람들은 누구나 사랑을 받고 싶어 합니다. 그러나 성경은 먼저 사랑하라고 말씀하십니다. 그런데 요즘 사람들은 고통받는 사람과 함께 하려고 하지 않습니다. 하나님께서 고통 받는 우리를 찾아오셔서 함께 하신 것처럼, 그들을 찾아가 함께 할 때 주님과 사람으로부터 사랑받는 자녀가 됩니다.

"아버지께서 나를 사랑하신 것 같이 나도 너희를 사랑하였으니 나의 사랑 안에 거하라"(요 15:9)

2. 두기고는 진실한 일꾼으로 인정받았습니다

바울은 두기고를 진실한 일꾼으로 인정합니다. 진실한 일꾼이라는 말은 '충성 된 일꾼이요, 믿음직스러운 일꾼'이라는 의미입니다. 진실하다는 말은 성경 원어로 피스토스(pistos)인데, 우리나라 성경에서는 '진실, 성실, 충성'이라는 말로 번역되었습니다.

바울은 고린도 교회에 편지하면서, "너희가 인정한 사람에게 편지를 주어 너희의 은혜를 예루살렘으로 가지고 가게 하리니"(고전 16:3)라고 합니다. 이것은 이방 교회들의 구제금을 모아 예루살렘으로 보내는 일을 할 때 '그들이 인정한 사람'을 택하여 보내겠다는 말씀입니다. 그런데 두기고는 이방 교회들이 예루살렘으로 보내는 구제금을 가지고 갔던 일곱 명 중의 한 명으로 전해지고 있습니다. 이것은 두기고가 바울뿐만 아니라 이방 교회로부터도 진실한 일꾼으로 인정받은 사람이었음을 알려줍니다.

진실한 일꾼은 하나님과 사람으로부터 인정받습니다. 진실함은 말로 드러내는 것이 아니라 행위의 열매로 드러납니다. 하나님의 말씀을 따르고 교회와 세상에서 맡은바 직분에 성실히 충성할 때 진실한 일꾼으로 인정받게 됩니다.

"그리고 맡은 자들이 구할 것은 충성이니라"(고전 4:1)

3. 바울과 함께 복음의 종으로 살았습니다

바울이 그레데에 있는 디도의 사역을 맡길 일꾼으로 두기고를 지명할 정도로, 두기고는 충성 된 일꾼이었습니다(딛 3:12). 또한 두기고는 '바울 일행의 사역과 상황을 자세히 알리는 동시에 이방 교회의 마음을 위로하기 위해 특별히 보낼' 정도로 충성 된 바울의 동역자였습니다(엡 6:22). 바울은 이런 두기고를 "주 안에서 함께 종이 된 자"라고 지칭합니다(골 4:7). 이것은 바울이 두기고를 복음 사역의 동역자로 인정한 것이며, 두기고가 복음을 위해 바울처럼 충성하였음을 보여주는 것입니다.

두기고는 바울 일행의 "모든 일을 알릴 수 있을 정도"로 준비된 일꾼이었습니다(엡 6:21). 누군가의 모든 일을 전할 수 있으려면, 일거수일투족을 함께 했을 때 가능합니다. 이처럼 두기고는 바울과 같이 일거수일투족을 함께하며 복음의 종으로 동역했기에 바울의 사역과 상황을, 염려하는 교회에 알릴 수 있었고 그들을 위로할 수 있었습니다.

오늘날도 하나님께서는 당신의 말씀과 마음을 전할 수 있는 복음의 일꾼들을 찾으십니다. 주님의 말씀과 마음을 전할 수 있는 복음의 종이 되려면, 주님과 동행하며 그분의 말씀대로 함께 살아온 흔적이 있어야 합니다. 이러한 흔적이 세상을 위로하고 변화시킵니다.

"죽도록 충성하라 그리하면 내가 생명의 면류관을 네게 주리라"(계 2:10)

말씀 실천하기
- 교회 안에서 다른 사람에게 사랑받는 성도입니까?
- 주님께서 나에게 맡기신 사명을 끝까지 완수하고 있습니까?

합심 기도하기
- 교회 안에서 다른 성도들에게 진실한 일꾼으로 사랑받게 하소서.
- 하나님께서 내게 맡기신 사명을 끝까지 감당하게 하소서.

48 노예에서 지도자가 된 **오네시모**

◆ 이룰 목표

- 진정한 회심이 무엇인지를 배운다.
- 무익했던 사람이 어떻게 유익한 사람이 될 수 있는지 배운다.

◆ 본문 살피기

- 바울은 갇힌 중에서 낳은 아들 누구를 소개하고 있습니까?(10절)
- 바울은 오네시모를 돌려보내며 그는 나의 무엇이라고
  소개했습니까?(12절)
- 바울은 선한 일이 억지가 되지 않고 어떻게 되기를 원했습니까?(14절)

소그룹예배 인도 순서	
사도신경	다 같이
찬 송	453장(통 506)
기 도	회원 중
본문 말씀	몬 1:8-14
새길 말씀	몬 1:11-12
헌금 찬송	85장(통 85)
헌금 기도	회원 중
주기도문	다 같이

말씀 나누기

사도 바울이 로마 감옥에 있을 무렵(AD 60년경) 오네시모를 만나게 됩니다. 오네시모는 골로새 교회의 신실한 지도자였던 '빌레몬'의 노예였습니다(16절). 그는 노예로서 로마제국의 법에 따라 주인 빌레몬의 종으로 일하며 살아야 했지만, 물질적 손해를 끼치고 로마로 도망친 것으로 보입니다(18절).

당시 로마제국에는 로마시민의 4배에 달하는 노예가 있었는데 로마는 노예들을 효율적으로 관리하기 위해 가혹하고도 잔인한 노예

제도를 만들어 운영했습니다. 노예는 사람이 아니라 영혼 없는 동물로 취급했기 때문에 마음대로 죽일 수도 있었습니다.

주인으로부터 도망친 오네시모는 사형시켜도 되는 죄수였습니다. 주인에게 해를 끼치고 도망갔던 종 오네시모가 어떻게 사도 바울의 추천을 받아 주인 빌레몬에게 다시 돌아왔는지 살펴보겠습니다.

1. 도망자가 심복으로 다시 돌아왔습니다

오네시모는 바울을 통해 회개한 후 그리스도인이 된 것으로 보입니다. 이것은 "갇힌 중에서 낳은 아들 오네시모"라는 바울의 표현에서 찾아볼 수 있습니다(10절). 그리스도인이 된 이후 오네시모는 도망자에서 바울의 심복이 되었습니다(12절).

오네시모의 과거를 알게 된 바울은 합법적으로 그를 자신의 조력자로 두기 위하여 주인인 빌레몬에게 보내려고 합니다(14절). 바울은 이러한 상황을 오네시모에게 이야기했을 것입니다. 오네시모는 사도 바울의 계획에 순종하고 빌레몬에게 돌아가기로 결심한 것으로 보입니다. 이것은 오네시모가 바울과 함께 있으며 그를 다시 돌려보낼 계획을 빌레몬에게 알린 것에서 추정할 수 있습니다. 이러한 오네시모의 결심은 보통 결심이 아니라 생명을 건 결심이었습니다. 복음의 능력이 아니고는 도저히 불가능한 일이었습니다. 만일 빌레몬이 바울의 뜻을 받아들이지 않는다면, 그는 죽임을 당할 수도 있는 일이었기 때문입니다.

이처럼 진정한 회개는 말만 앞세우는 것이 아니라 바울과 오네시모처럼 열매를 맺어야 합니다. 불신 세상에서 탕자처럼 아버지를 떠난 자들이 피 묻은 십자가의 복음을 듣고 다시 돌아와 충성하는 것이 회개이며 복음의 능력입니다. 오네시모는 복음을 제대로 듣고 깨달은 사람이었습니다.

"이미 도끼가 나무뿌리에 놓였으니 좋은 열매를 맺지 아니하는 나무마다 찍혀 불에 던져지리라"(마 3:10)

2. 무익하던 사람이 유익한 사람이 되었습니다

사도 바울은 빌레몬에게 편지를 쓰며 오네시모에 대해 "그가 전에는 네게 무익하였으나 이제는 나와 네게 유익하므로(11절)"라고 평가하였습니다. 오네시모는 종이었을 때 주인 빌레몬으로부터 도망쳤기 때문에 빌레몬에게 불이익을 끼친 무익한 존재였습니다. 그러나 오네시모가 바울을 통해 그리스도인으로 부름받은 이후에는 '유익한 사람', '도움이 되는 사람'이란 뜻을 가진 그의 이름처럼 바울뿐만 아니라 주인이었던 빌레몬에게 까지도 유익한 존재로 변했습니다.

오네시모처럼 모든 성도는 하나님이 보시기에 무익하고 미약한 존재였습니다. 그러나 하나님의 은혜 가운데 성도로 부르심을 받았습니다. 그러므로 오네시모처럼 성도는 하나님과 사람에게 유익한 존재가 되어야 합니다. 하나님이 우리를 부르실 때는 기대하심이 있습니다. 세상에서 빛이 되고 소금이 되는 것입니다. 십자가의 복음을 통하여 하나님께, 교회에서, 세상에서, 가정에서 유익한 사람이 되어야 합니다.

"네가 올 때에 마가를 데리고 오라 그가 나의 일에 유익하니라"(딤후 4:11)

3. 교회의 지도자로 쓰임 받았습니다

바울은 빌레몬에게 편지를 쓰면서, '이후로는 오네시모를 종처럼 대하지 말고 사랑받는 형제로 대하라'고 권면합니다(16절). 빌레몬에게 있어서 오네시모는 도망친 노예에 불과했지만, 마음이나 법적으로 용서하는 것은 물론 그를 '사랑받는 형제'로 대우하라는 것입니다.

바울은 빌레몬 개인뿐만 아니라 빌레몬의 집에 있었던 것으로 보이는 골로새 교회에게도 "신실하고 사랑을 받는 형제 오네시모"라고 소개하며 두기고와 함께 그를 파송했습니다(골 4:7-9).

이러한 바울의 권면을 받은 빌레몬과 골로새 교회는 오네시모를 종에서 형제로 인정했을 뿐 아니라 함께 그를 바울의 동역자로 인정한 것으로 보입니다. 이러한 순종과 결단이 있었기에 오네시모는 노예 신분에서 형제가 되었고 이후, 교회의 위대한 지도자로까지 쓰임 받게 됩니다. 실제로 서머나 교회의 감독이었던 폴리갑에게 보낸 이그나시우스(Ignathius)의 편지에는 '여러분의 감독이 된 오네시모는 하나님의 복을 받은 분이며, 여러분이 감독으로 모시기에 충분한 자격이 있는 분입니다'라고 기록되어 있어 오네시모가 에베소 교회의 훌륭한 감독으로 쓰임 받았음을 알 수 있습니다.

노예가 형제가 되고, 노예가 지도자로 쓰임 받는 기적은 예수님을 만난 사람들의 순종 안에서만 가능합니다. 만일 빌레몬이나 골로새 교회가 주님을 만난 이후에도 세상의 가치를 따르는 삶을 살았다면 오네시모와 같은 기적은 없었을 것입니다. 오네시모 역시 그의 삶에 그리스도를 품고 그리스도께만 충성했기에 가능한 일이었습니다. 그가 세상의 부와 권력, 세속적인 가치를 따랐다면 교회 지도자가 되지 못했을 것입니다. 그러므로 성도는 오직 그리스도를 품고 그분의 뜻에 순종하며 살아야 합니다.

"나의 간절한 기대와 소망을 따라 아무 일에든지 부끄러워하지 아니하고 지금도 전과 같이 온전히 담대하여 살든지 죽든지 내 몸에서 그리스도가 존귀하게 되게 하려 하나니 이는 내게 사는 것이 그리스도니 죽는 것도 유익함이라"(빌 1:20-21)

말씀 실천하기

- 나는 진정으로 내 삶이 변화되는 회심을 하고 있습니까?
- 나는 다른 사람에게 유익한 사람으로 살고 있습니까?

합심 기도하기

- 내 삶이 변화되는 회심의 열매를 맺도록 도와주소서.
- 하나님과 사람들에게 복음으로 유익한 사람이 되도록 도와 하소서.

믿음이 없이는 하나님을 기쁘시게 못하나니
하나님께 나아가는 자는 반드시 그가 계신 것과
또한 그가 자기를 찾는 자들에게 상 주시는이심을
믿어야 할지니라

— 히 11:6

하나님나라 **백성들의 영성** – 사역편

바이블 루트

7 절기

49 부활의 소식은 전해져야 됩니다

본문 말씀
막 16:1-11

◆ 이룰 목표
- 죽음을 이기신 주님을 바라보며 부활의 능력을 안다.
- 부활하신 주님을 바라보며 하나님 나라 비전을 갖는다.

◆ 본문 살피기
- 예수님의 장례를 위해 향품을 준비한 자들은 누구입니까?(1절)
- 향품을 준비한 자들은 무덤으로 가며 무엇을 걱정했습니까?(3절)
- 부활하신 예수님이 어디로 먼저 가신다고 하셨습니까?(7절)

소그룹예배 인도 순서	
사도신경	다 같이
찬 송	165장(통 155)
기 도	회원 중
본문 말씀	막 16:1-11
새길 말씀	막 16:6
헌금 찬송	160장(통 150)
헌금 기도	회원 중
주기도문	다 같이

말씀 나누기

안식 후 첫날 새벽에 예수님의 무덤을 찾아가던 여인들은 한 가지 고민이 있었습니다. 그것은 무덤 문을 막아놓은 돌에 대한 것이었습니다. 예수님의 말씀에 순종하며 살아가던 여인들이었지만 예수님의 부활에 대한 말씀을 깨닫지 못하고 절망과 허탈감에 빠져 걱정하는 것입니다. 그러나 부활의 사실을 확인한 여인들은 두려움과 기쁨으로 몹시 놀라 당황했습니다. 그리고 부활의 소식을 예수님과 함께하던 사람들에게 전하였습니다.

죽음 속에서 피어난 주님의 부활이 가져다주는 은혜와 기쁨에 대하여 살펴보겠습니다.

1. 기쁨과 감격으로 부활을 전해야 합니다

안식 후 첫날 막달라 마리아 야고보의 어머니 마리아와 살로메는 예수님의 장례를 위해 사두었던 향품을 가지고 어두운 새벽 예수님의 무덤을 찾아가고 있었습니다. 이 여인들은 예수님의 부활을 알지 못했습니다. 그래서 여인들은 의미 없는 고통과 걱정으로 무덤을 향해 무거운 발걸음을 옮기고 있었습니다. 무덤을 찾아가는 여인들의 모습은 슬픔과 탄식뿐이었습니다. "누가 우리를 위하여 무덤 문에서 돌을 굴려줄까?"하며 걱정하는 것이 전부였습니다. 그러나 그들이 무덤에 갔을 때 돌은 이미 굴려져 있었습니다. 그리고 주님의 부활 소식을 들었습니다. 그것은 믿을 수 없는, 믿기 어려운 소식이었습니다. 그럼에도 여인들은 부활의 소식을 전했습니다. 그것은 주님이 확실히 부활하셨기 때문입니다. 예수님의 부활은 한때 가지고 있었던 두려움과 슬픈 걱정과 근심을 기쁨과 감격으로 변하게 하였습니다. 이 기쁨과 감격으로 예수님의 부활을 전할 수 있는 것이 부활의 은혜입니다.

"그 여자들이 무서움과 큰 기쁨으로 빨리 무덤을 떠나 제자들에게 알리려고 달음질할새"(마 28:8)

2. 담대한 믿음으로 부활을 전해야 합니다

예수님의 부활 소식을 전하기 위해 달려갔던 여인들의 기쁨과 감격, 그리고 부활 소식을 전하고자 하는 절박한 심정이, 예수님의 제자들이나 함께했던 자들에게는 제대로 전달되지 않았습니다(11절). 죽음 이후의 부활은 이해하기도 어려울 뿐 아니라 도저히 믿을 수 없는 이야기이기 때문입니다. 그러나 이때 무덤을 지키던 경비병들은 대제사장에게 가서 부활에 대한 모든 된 일을 알리고 예수님의 시신을 제자들이 도둑질하여 갔다고 불의한 돈을 받고 거짓말을 전하게 되었습니다(마 18:11-13). 거짓은 급속도로 퍼져나갔으나 진실은 더디게 알려졌습니다.

'모든 길이 로마로 통하듯 인생의 길은 모두 다 무덤으로 통한다' 라고 에밀 부르너가 말한 것처럼 죽음은 누구도 피할 수 없기에 사람들에게 친숙했지만, 부활은 생소했습니다. 그럼에도 불구하고 부활의 소식은 알려져야 합니다. 대제사장과 유대인들의 횡포로 죽음을 당하신 예수님의 부활 소식을 전한다는 것은 여인들에게 담대한 믿음이 요구되었습니다. 그리스도인에 대한 유대 사회의 위협 속에서도 담대하게 부활의 소식을 전할 수 있다는 것은 부활의 능력이 가져다주는 또 다른 은혜입니다.

> "우리가 사방으로 우겨쌈을 당하여도 싸이지 아니하며 답답한 일을 당하여도 낙심하지 아니하며 박해를 받아도 버린 바 되지 아니하며 거꾸러뜨림을 당하여도 망하지 아니하고 "(고후 4:8-9)

3. 하나님 나라 비전을 갖고 부활을 전해야 합니다

예수님은 부활의 소식이 전해지길 원하셨습니다. 예수님의 무덤에 있던 천사는 막달라 마리아를 비롯한 여인들에게 예수님의 부활 소식을 전하라고 하였으며, 예수님도 갈릴리에서 부활하신 몸으로 제자들을 만나기 원하셨습니다. 이것은 제자들에게 부활의 사실을 알리고 부활의 능력을 전하기 위함이었습니다.

예수님은 제자들을 통하여 사람들이 죄로 인한 죽음을 순응적으로 받아들이는 것이 아니라, 예수 그리스도 안에서 부활에 동참하기를 원하셨습니다. 그래서 온 천하에 다니며 복음을 전파하라고 말씀하셨습니다. 이것은 이 땅에서 하나님의 나라를 확장해 나가며 영원한 하늘나라를 바라볼 수 있는 비전을 갖게 합니다.

예수님의 부활은 죽음의 두려움을 극복하고 하나님 나라 비전을 갖게 하였습니다. 세상이 주는 두려움을 이겨내고 담대하게 부활의 복음을 전하며 하나님의 나라를 건설해 나가는 것이 부활의 은혜입니다.

"천사가 여자들에게 말하여 이르되 너희는 무서워하지 말라 십자가에 못 박히신 예수를 너희가 찾는 줄을 내가 아노라 그가 여기 계시지 않고 그가 말씀 하시던 대로 살아나셨느니라 와서 그가 누우셨던 곳을 보라 "(마 28:5-6)

말씀 실천하기
- 부활의 신앙을 본받아 담대히 생활하겠습니까?
- 부활하신 예수님을 누구에게 전하겠습니까?

합심 기도하기
- 부활의 신앙으로 모든 고난과 어려움도 이겨나가게 하소서.
- 부활의 복음 전하며 하나님 나라의 비전을 품게 하소서.

50 첫 정성을 드리는 맥추절

본문 말씀
신 16:9-12

◆ 이룰 목표

- 맥추절의 의미를 바르게 배운다.
- 맥추절을 어떻게 지켜야 하는지를 배운다.

◆ 본문 살피기

- 일곱 주를 의미하는 맥추절의 다른 이름은 무엇입니까?(9절)
- 하나님께서 복을 주신대로 자원하여 무엇을 드리라고 하였습니까?(10절)
- 어디에서 종 되었던 것을 기억하라고 하셨습니까?(12절)

소그룹예배 인도 순서

사도신경 다 같이
찬 송 587장(통 306)
기 도 회원 중
본문 말씀 신 16:9-12
새길 말씀 잠 3:9
헌금 찬송 591장(통 310)
헌금 기도 회원 중
주기도문 다 같이

말씀 나누기

하나님께서는 모든 남자는 매년 세 번씩 여호와께 보이라고 말씀하시며(출 23:17), 절기를 지키라고 하셨습니다. 이렇게 이스라엘 백성이 지키는 3대 절기는 유월절, 맥추절, 초막절입니다. 유월절은 이스라엘 백성이 애굽에서 열 번째 재앙에서 벗어난 것을 기념하여 드리는 절기입니다. 수장절이라고도 하는 초막절은 한 해의 추수를 마치고 창고에 저장한 후 들판에 천막을 치고 일주일을 기거하면서 지난 광야 생활 40년 동안을 지켜

주신 하나님의 은혜에 감사하는 절기입니다. 그리고 맥추절은 이스라엘 백성이 가나안 땅에 들어가서 처음 추수한 곡식을 가지고 감사하며 드렸던 절기로 맥추절의 의미와 어떻게 지켜야 하는지 살펴보겠습니다.

1. 감사하며 지키는 절기입니다

하나님께서는 첫 곡식을 거둔 것을 감사함으로 드리라고 말씀하십니다 (출 23:16). 또한 소산물의 처음 익은 열매로 여호와를 공경하라(잠 3:9) 고 말씀하십니다. 이렇게 맥추절은 감사로 하나님을 섬기는 절기입니다. 이스라엘 백성은 첫 곡식과 열매로 하나님께 제사 드릴 때 감사드릴 수밖에 없었습니다. 그것은 지난날의 역사에서 찾아볼 수 있습니다. 첫 번째는 애굽의 노예 생활에서 구원받은 것입니다. 400년 동안의 힘든 노역과 학대로 얼룩진 노예 생활에서 하나님은 모세를 통하여 이스라엘 백성을 이끌어 내시고 하나님의 백성으로 불러주셨습니다. 두 번째는 척박한 광야에서 40년 동안 구름기둥과 불기둥으로 지켜주시고 만나와 메추라기로 먹여주시고 보호해 주셨습니다. 세 번째는 가나안 땅을 정복하게 하시고 그 땅에서 농사짓고 살아갈 수 있도록 하신 것입니다. 그 사실 때문에 이스라엘 백성은 하나님의 명령에 따라 첫 수확으로 거두어들인 곡식(보리)을 드릴 때 감사와 감격이 있을 수밖에 없었습니다. 이러한 감사함으로 드리는 절기가 맥추절입니다.

"맥추절을 지키라 이는 네가 수고하여 밭에 뿌린 것의 첫 열매를 거둠이니라"(출 23:16)

2. 회개하며 지키는 절기입니다

맥추절은 다른 말로 '오순절'이라고도 합니다. 이는 유월절로부터 50

일째 되는 날에 지켜지는 절기이기 때문입니다. 또한 이날은 성령께서 강림하셔서 교회를 세우신 날로, 구속의 은혜를 땅끝까지 전파할 수 있도록 역사하셨던 날입니다. 그리고 이날에 성령께서 베드로를 통하여 3,000명이 회개하고 예수님을 영접하게 한 날이기도 합니다(행 2:41).

레위기 23장 19절에 "또 숫염소 하나로 속죄제를 드리며 일 년 된 어린 숫양 두 마리를 화목제물로 드릴 것이요"라고 하였습니다. 이처럼 맥추절에는 하나님의 속죄 은혜가 있습니다. 이것은 감사와 감격으로만 드리는 감사절이 아니라, 자신을 돌아보아 하나님 앞에 죄를 회개하면 용서하시는 은혜와 복이 있는 절기입니다. 따라서 하나님의 은혜를 생각하며 하나님보다 더 사랑한 것이 있는지 살펴보면서 회개해야 합니다. 또한 이웃과 불화를 겪는 것이 있다면 화목하기 위해 먼저 회개하고, 용서하며 지켜야 합니다.

"사랑은 여기 있으니 우리가 하나님을 사랑한 것이 아니요 하나님이 우리를 사랑하사 우리 죄를 속하기 위하여 화목 제물로 그 아들을 보내셨음이라"(요일 4:10)

3. 이웃과 함께하는 절기입니다

맥추절은 많은 의미가 있습니다. 첫 번째는 가나안 땅에서 농사지으며 처음으로 수확한 보리와 밀을 가지고 하나님께 감사하며 지키는 절기입니다. 이때는 하나님께서 복을 주신 대로 헤아려 자원하는 예물을 드리라고 하셨습니다(10절). 이처럼 맥추절은 하나님께서 주신 복을 누리며 기쁨으로 지키는 절기입니다. 두 번째는 자신을 돌아보아 범죄 한 것을 회개하며 지키는 절기입니다(레 23:19). 하나님과의 바른 관계 회복을 통하여 하나님이 주시는 복을 받아 누릴 수 있도록 하는 것입니다. 세 번째는 어려운 이웃들과 같이 화목하고 즐거워하는 것이 맥추절입니다. 11절에 "너와 네 자녀와 노비와 네 성 중에 있는 레위인과 및 너희 중에 있는 객과 고아와 과부가 함께 네 하나님 여호와 앞에서 즐거워하라고" 말씀하십니다. 이들은 스스로의 힘으로 생활하기 힘든 사람들입니다. 그런데 이들과 함께 즐거워하라고 말씀하고 계십니다. 이처럼 어려운 이웃과 화목할 수 있는 것은 지난날을 잊지 않는 것입니다. 그래서 하나님께서는 "애굽에서 종 되었던 것을 기억하라"(12절)고 하십니다. 이와 같이 온 교회가 소외되고 어려운 이웃들과 함께 즐거워하고 기뻐할 수 있는 감사절이 되어야 합니다.

"내 사랑하는 형제들아 들을지어다 하나님이 세상에서 가난한 자를 택하사 믿음에 부요하게 하시고 또 자기를 사랑하는 자들에게 약속하신 나라를 상속으로 받게 하지 아니하셨느냐"(약 2:5)

말씀 실천하기
• 감사하는 마음으로 맥추절의 의미를 실천하겠습니까?
• 맥추절의 기쁨과 감사를 누구와 나누겠습니까?

합심 기도하기
• 기쁨과 감사를 이웃들과 함께 나눌 수 있도록 하여 주소서.
• 하나님이 주신 복과 은혜에 감사하며 헌신하게 하소서.

51 그의 하나님께 감사 하였더라

본문 말씀
단 6:10-24

◆ 이룰 목표

- 하나님의 뜻인 범사에 감사하는 생활이 무엇인지 안다.
- 감사의 기적을 체험하는 삶을 배우고 실천하도록 한다.

◆ 본문 살피기

- 죽음의 상황에서 다니엘이 행한 믿음의 실천은 무엇입니까?(10절)
- 다니엘이 하나님께 기도했다는 이유로 던져진 곳은 어디입니까?(16절)
- 전능하신 하나님은 어떻게 다니엘을 보호했습니까?(22절)

소그룹예배 인도 순서	
사도신경	다 같이
찬　　송	588장(통 307)
기　　도	회원 중
본문 말씀	단 6:10-24
새길 말씀	단 6:10
헌금 찬송	589장(통 308)
헌금 기도	회원 중
주기도문	다 같이

말씀 나누기

추수감사절은 일 년의 추수를 마치고 곡식을 저장하게 됨을 감사하여 지키는 수장절(출 23:16, 34:22)로, 또는 출애굽 당시 40년간 광야 생활을 기억하며 구원해 주신 하나님의 은혜에 감사하여, 광야에서 초막을 짓고 이레 동안 생활함으로 초막절이라 부르기도 합니다. 역사적으로는 영국의 청교도인들이 하나님을 자유롭게 섬길 곳을 찾아, 미국에 정착하고 그 첫 열매를 드렸던 추수감사절이 우리나라에 전파되면서 시작되었습니다.

무엇보다 추수감사절은 지난 한 해 동안 주께서 우리에게 베풀어주신 것만 감사하는 시간뿐만 아니라, 우리를 죄와 죽음의 길에서 구원하여 하나님 백성이 되도록 해주신 뜻을 기억하며, 백성답게 살려는 다짐의 시간이 되어야 합니다.

다니엘은 바벨론에 포로로 잡혀갔지만, 하나님의 은혜로 총리가 되었습니다. 그러나 뜻하지 않은 죽음의 상황에 직면하게 되었습니다. 그때 그는 전에 행하던 대로 하나님께 계속 감사기도를 했습니다. 또한 하나님 자녀답게 살겠다는 결단과 행동을 통해 하나님 백성다운 모습을 보여줬습니다. 사람에게는 좋은 습관과 나쁜 습관이 있습니다. "세 살 버릇이 여든까지 간다"라는 속담이 있습니다. 좋은 습관을 기르는 것은 참으로 중요합니다. 다니엘은 기도의 습관과 감사의 좋은 습관이 있었습니다. 다니엘이 감사할 수 없는 상황에서도 감사할 수 있었던 이유는 무엇인지 살펴보겠습니다.

1. 전능하신 하나님을 믿었기 때문입니다

다니엘을 시기하는 자들은 참소할 내용을 찾으려고 혈안이 되었습니다. 그러나 다니엘은 왕에게 충성스러웠고, 하루 세 번씩 기도하는 것 외에는 아무 그릇됨과 허물을 찾을 수 없었습니다(단 6:4). 이 사실을 바탕으로 다니엘을 참소하는 총리들과 고관들이 왕 외에 다른 어떤 신에게 기도하지 못하는 금령을 제정합니다(단 6:7). 이 금령이 내려진 후에도 다니엘은 하나님만을 의지했고, 변함없이 기도와 감사를 드렸습니다. 다니엘은 죽음의 위기 상황에서도 신앙이 흔들리지 않았습니다. 전에 행하던 대로 하루 세 번 기도하며 그의 하나님께 감사했습니다(단 6:10). 다니엘은 하나님께 감사하는 사람이었습니다. 그것은 그가 자기 생명, 자기 인생을 전능하신 하나님께 맡겼다는 증거입니다. 자신을 시기하여 죽이려는 대적에 대해 원망하거나 불평하지 않았고, 오히려 하나님께 감사했습니다. 사도신경에서 우리는 하나님을 "나는 전능하신 아버지 하나님 천지의 창조주를 믿습니다"라고 고백합니다. 전능하신 하나님을 믿으면 어떤 상황에서도 감사의 사람이 됩니다.

"여호와를 경외하는 자들아 너희는 여호와를 의지하여라 그는 너희의 도움이시요 너희의 방패시로다"(시 115:11)

2. 하나님은 모든 것을 역전시켰습니다

원망과 불평은 사람들의 사이를 갈라놓고, 더 어려운 상황으로 몰아갑니다. 그러나 감사는 좋은 관계를 회복시키는 명약 중 명약입니다. 감사는 하나님과 인간의 관계, 사람과 사람의 관계를 회복시킵니다. 또한 "감사는 감사를 낳고, 불평은 불평을 낳습니다" 법이 제정 되었기에 다리오 왕도 어쩔 수 없이 다니엘을 사자 굴 속에 던지도록 승인하였습니다(단 6:15-16). 다니엘을 구하려고 힘을 다하던 다리오 왕은 궁에 돌아가서 밤새도록 금식하고, 오락을 그치고 밤새 뜬 눈으로 잠을 이루지 못했습니다(단 6:18). 그리고 날이 새자마자 다니엘이 던져진 굴 앞으로 달려갔습니다. 그리고 다니엘을 불렀습니다. 다니엘은 하나님께서 행하신 일을 고했습니다(단 6:22). 하나님께서 다니엘의 편이 되셔서 사자들의 입을 봉하셨습니다. 모든 상황을 역전시키셨습니다. 다니엘을 참소하던 자들과 그들의 가족들이 사자들의 밥이 되었습니다(단 6:24). 감사는 인생을 역전시키는 놀라운 비결이 숨겨져 있습니다.

"감사로 제사를 드리는 자가 나를 영화롭게 하나니 그의 행위를 옳게 하는 자에게 내가 하나님의 구원을 보이리라"(시 50:23)

3. 감사는 기적을 일으키는 재료입니다

감사 속에 문제 해결의 열쇠가 있습니다. 감사하면 행복해집니다. 감사하는 사람은 잃어버린 것보다 남아 있는 것에 초점을 맞춥니다. 감사할 때 건강해집니다. 감사하는 자에게 나타나는 특징은 긍정적이고, 소망적입니다. 신앙과 인격이 성숙할수록 감사자가 됩니다. 또한 감사할 때 신앙과 인격이 성숙해집니다. 감사를 배우고 훈련하면 인생의 미래가 밝아집니다. 다니엘은 이 사건을 통해 하나님의 살아 계심과 전능하신 능력을 증거 하였고, 맹수까지도 하나님의 손안에 있다는 사실을 보여주었습니다. 모든 것을 합력하여 선을 이루시는 하나님(롬 8:28)을 믿고, 어떤 상황에서도 감사하는 삶을 살아야 합니다(살전 5:18). 하나님께서 거두게 하신 많은 열매를 기억하면서 범사에 감사해야 합니다.

"범사에 감사하라 이것이 그리스도 예수 안에서 너희를 향하신 하나님의 뜻이니라"(살전 5:18)

말씀 실천하기
- 역경을 이겨내기 위하여 내가 할 일은 무엇입니까?
- 힘든 일이 있을 때에도 감사의 삶을 살겠습니까?

합심 기도하기
- 어떤 고난이 와도 감사의 기도로 승리하게 하소서.
- 합력하여 선을 이루시는 하나님의 약속을 붙잡고, 범사에 감사하는 삶을 살게 하소서.

52 예수 그리스도의 나심은?

본문 말씀
마 1:18-25

◆ 이룰 목표

- 예수님 탄생의 영적 의미를 깨닫는다.
- 임마누엘의 은총 속에서 구원의 감격과 복을 누린다.

◆ 본문 살피기

- 예수님의 특별한 탄생은 어떻게 시작되었습니까?(18절)
- 의로운 사람 요셉이 취한 행동은 무엇입니까?(19절)
- 예수님의 이름 뜻은 무엇입니까?(21절)

소그룹예배 인도 순서

사도신경	다 같이
찬 송	109장(통 109)
기 도	회원 중
본문 말씀	마 1:18-25
새길 말씀	마 1:21
헌금 찬송	123장(통 123)
헌금 기도	회원 중
주기도문	다 같이

말씀 나누기

성탄절은 하나님께서 육체를 입고 인간의 역사 속으로 들어오신 중요하고도 뜻깊은 날입니다. 그러기 때문에 그 의미를 깨닫고 기뻐하고 감사해야 하는 축제일입니다. 온 인류에게 미칠 가장 큰 기쁨의 소식은 예수님이 태어나신 사건입니다. 오늘 본문 말씀은 요셉이 약혼한 마리아에게 아기가 잉태되는 깜짝 놀랄 사건이 일어났습니다. 이 사실을 알게 된 요셉이 고민하고 있었습니다. 그때 천사가 나타나서 온 인류를 구원하실 구세주가 마리아를 통해 태어날 것이라는 사실을 알려줍니다. 천사의 말을 들은 요셉은 하나님의 행하시는 일에 순종하므로 예수님이 육신의 혈통으로는 다윗의 후손으로 태어나게 되셨습니다.

1. 성령으로 잉태 되었습니다

예수님의 탄생은 하나님의 특별한 방법인 성령으로 잉태하게 하셨습니다(마 1:20, 23). 육체적 방법이 아닌 신령한 방법으로 신비롭게 태어나게 했습니다. 이것은 하나님의 구원 계획에서 행하신 주권적인 방법이었습니다. 예수 그리스도의 동정녀 탄생은 완전한 인성과 하나님의 신성을 지니셨음을 증명하고 있는 것입니다. 인류의 죄를 구속하는 메시아는 흠이 없는 제물로 드려지기 위해(출 12:5; 히 9:14) 죄가 없으셔야만 했습니다. 이 위대한 구원 사역에 성령님께서 직접 개입해 주신 것입니다. 인간은 하나님께 불순종하므로 진리에서 떠나 방황하며 저주 가운데 빠지게 되었습니다. 이런 인간에게 성령님은 거룩한 진리의 영으로 임하셔서 예수님을 믿게 하고, 진리를 볼 수 있도록 눈을 열어 주십니다. 성령의 역사로 신앙을 고백할 수 있고, 믿음을 갖게 됩니다(고전 12:3). 성령님은 예수님의 성육신의 구원 사역에 직접 개입하셨을 뿐 아니라, 지금도 구원 사역을 통해 거룩성을 회복시키고 있습니다.

"이 일을 생각할 때에 주의 사자가 현몽하여 이르되 다윗의 자손 요셉아 네 아내 마리아 데려오기를 무서워하지 말라 그에게 잉태된 자는 성령으로 된 것이라"(마 1:20)

2. 온 인류의 구주로 태어났습니다

아담의 후손은 죄와 허물로 말미암아 죽은 존재였습니다(엡 2:1). 구약에서는 피의 제사를 통해 죄의 문제를 해결 받았습니다. 신약에서는 예수님이 온 인류를 위한 희생 제물로 이 땅 위에 태어나셨고(요 1:29), 모든 죄를 대신 담당하여 십자가에 피 흘려 돌아가셨습니다(사 53:5; 마 27:45-50). 예수님은 죄인을 부르러 오셨고(마 9:9-13), 예수님을 믿음으로 하나님을 만나게 될 뿐 아니라, 화목하게 되는 은혜가 임합니다(엡 2:13-16). 구원받은 자로서 변화의 삶, 열매 맺는 성결한 삶을 살기 위해서는 옛사람을 예수님과 함께 십자가에 못 박아 죽이고, 예수님의 온전한 통치를 받는 영적 새사람으로 변화되어야 합니다(갈 2:20; 고전 15:31; 엡 4:22-24). 성탄절은 온 인류의 구주로 태어나신 예수님을 왕으로 모시므로 마귀의 세력을 이기고, 하나님의 의를 이루는 거룩한 삶으로 나가는 절기입니다.

"오늘 다윗의 동네에 너희를 위하여 구주가 나셨으니 곧 그리스도 주시니라"(눅 2:11)

3. 임마누엘 하시기 위해 태어났습니다

임마누엘은 하나님의 소원이요 기쁨입니다. 임마누엘이란 '하나님이 우리와 함께 계시다' 라는 뜻입니다(마 1:23). 하나님은 사람과 함께 하시길 원하십니다. 하나님이 사람과 함께 하시는 것을 원하시는데 이는 창조를 통해 알 수 있습니다. 즉 사람에게만 하나님의 형상을 부어주셨다는 것입니다(창 1:26-27). 그러므로 하나님과 교제하고, 하나님께 영광 돌려야 합니다. 그러나 죄로 인해 하나님과 단절된 체 불순종의 삶을 살게 되었습니다.

예수님이 육신을 입고 이 땅 위에 태어나심으로 하나님 만나는 길을 여시고(요 14:6; 히 10:19-22), 하나님과 함께 할 수 있게 하셨습니다. 즉 예수님의 보혈로 죄 용서받은 의인은 하나님과 함께 할 수 있는 이마누엘 복을 받습니다. 임마누엘은 하나님이 자기 백성을 고아처럼 버리지 않는다는 의미도 있습니다. 하나님이 우리와 함께 하시면 두려워하거나 절망할 필요가 없으며 어떤 상황에서도 담대할 수 있습니다(신 31:8; 사 41:10).

예수님은 온 인류의 구주로 태어나셔서 임마누엘의 큰 은총을 주셨습니다. 그러므로 기쁨과 감사로 성탄을 준비하여 하나님께 영광 돌려야 합니다.

"보라 처녀가 잉태하여 아들을 낳을 것이요 그의 이름은 임마누엘이라 하리라 하셨으니 이를 번역한즉 하나님이 우리와 함께 계시다 함이라"(마 1:23)

말씀 실천하기
• 예수님을 주인으로 모신 삶을 살기 위해 어떻게 하겠습니까?
• 성탄의 기쁜 복음을 전하기 위해 어떻게 계획을 세워 실천하겠습니까?

합심 기도하기
• 구원에 은혜에 감사하며 예수님을 닮아가는 삶을 살게 하소서
• 구원의 복음을 전하므로 하나님의 나라가 확장 되게 하소서.